Die Autorin:

Anne Biwer, geboren 1955 und zweisprachig, deutsch-französisch, aufgewachsen, ließ sich zur Erzieherin ausbilden und beschäftigte sich dann als Folge ihrer Tätigkeit mit Waldorf-Pädagogik und Anthroposophie. Im Zuge der Neugestaltung ihres Lebens als alleinerziehende Mutter von drei Kindern begann sie, sich Anfang der neunziger Jahre mit Wahrsage-karten auseinanderzusetzen, und kam dabei über die Karten der Mlle Lenormand auf die Zigeuner-Wahrsagekarten, die sie durch ihre erfri-schende Einfachheit begeisterten und zu Nachforschungen über Ursprung und Deutung anregten. Anne L. Biwer ist mittlerweile als Heilpraktikerin in eigener Praxis tätig (Website: www.annebiwer.de, Email: annebiwerpraxis@aol.com).

Das Buch:

Die Zigeuner-Wahrsagekarten sind ein Orakel des Volkes. Die Bilder sprechen eine klare Sprache, und wer aus ihnen liest, erhält eindeutige Anworten. Deshalb eignen sie sich auch ganz besonders für Einsteiger ins Kartenlegen.

In diesem Buch werden die Karten einzeln vorgestellt und für ihre Deutungsmöglichkeiten erste Anregungen gegeben. Zur Praxis finden Sie hier vier überlieferte Legemethoden: Das Kreuz, das Keltische Kreuz, den Siebenarmigen Leuchter und den Jahreskreis. Dazu gibt die Autorin jeweils ein Deutungsbeispiel aus ihrem eigenen Erfahrungsschatz.

Nur Mut: Wer sich fürs Kartenlegen interessiert, der hat auch die Fähigkeit dazu! Übung macht auch hier den Meister, von denen schließlich noch keiner vom Himmel gefallen ist.

Anne L. Biwer

Zigeuner-
Wahrsagekarten

Kartenlegen für Einsteiger

Schirner
Verlag

ISBN 3-930944-68-5
Neue ISBN ab 2007: 3-930944-68-2

© 1999 Schirner Verlag, Darmstadt
Zehnte Auflage 2005

Abbildung der Zigeuner-Wahrsagekarten mit freundlicher Genehmigung
der Firma Ferd. Piatnik & Söhne, Wien.

Umschlag, Redaktion und Satz: Kirsten Glück
Herstellung: Reyhani Druck & Verlag, Darmstadt
Printed in Germany

www.schirner.com

Inhaltsverzeichnis

Vorwort

Wenn Sie zum ersten Mal Karten legen, sind die Zigeuner-Wahrsage-karten für Sie ideal. Die Bilder sprechen eine deutliche Sprache, und zwischen ihnen läßt sich leicht ein Sinnzusammenhang herstellen. Intuition und das nötige Feingefühl werden dadurch entwickelt, so daß Sie später auch andere Kartenorakel erlernen können.

Aber auch für den geübten Praktiker bieten die Zigeunerkarten neue Anreize. Die Antwort der Karten ist eindeutig, und es gibt Fragen, bei denen eine klare Antwort weiterhilft als vielschichtige Hinweise.

Im vorliegenden Buch finden Sie neben einer praxisbezogenen Erklärung der einzelnen Karten unter „Kombinationen" Hinweise auf eine mögliche Bedeutung in Verbindung mit den Nachbarkarten. Bei den hier vorgestellten Legesystemen kommen Anfänger und Fortgeschrittene auf ihre Kosten. Neben dem „Keltischen Kreuz" oder dem „Kreuz", die geradezu Klassiker der Kartomantie, der Kunst des Kartenlegens, sind, können Sie sich auch mit der umfassenden Legung des „Siebenarmigen Leuchters" befassen, die hier zum ersten Mal vorgestellt wird. Und geübte Kartendeuter werden an der dreifachen Deutungsmöglichkeit des Jahreskreises sicher Gefallen finden.

Also – mischen Sie die Karten, und erfahren Sie, wie sich Ihre Fragen zu Erkenntnissen wandeln!

7

Ich danke den Frauen,
die mir aus ihrer Praxis des Kartenlegens
mit den Zigeunerkarten erzählten.

Die Geschichte der
Zigeuner-Wahrsagekarten

So alt wie die Menschheit sind ihre Methoden, sich mit Hilfe eines Orakels so in Trance zu versetzen, daß ein Problem erkannt und in die Zukunft hinein begriffen werden kann. Wie klar das gelingt, hängt von der geistigen Reife und auch jener der Persönlichkeit ab. Dies dürfte der Grund sein, warum nur Weise, Priester und Schamanen, die in der Frühzeit unserer Geschichte vor allem aus den Reihen der Frauen gestellt wurden, mit Hilfe von Stäben, Steinen oder innerer Schau Fragen aller Art beantworteten.

Zunächst dienten schöngeformte Steine, Hölzer geweihter Bäume oder Teile von Pflanzen als Orakel, insbesondere in den ursprünglich matriarchalen, naturverbundenen Religionen aus der Morgenröte der Menschheit. Was die Göttin durch Schönheit als heilig offenbarte, wurde zum kultischen Gegenstand, nicht das von Menschenhand geschaffene. Das änderte sich, je näher die Zeit unserer geschichtlich erfaßten Epoche rückte. Dennoch ist bei den Runensteinen der Germanen, dem I-Ging-Spiel der Chinesen, dem Würfelorakel der Griechen und Römer die ursprüngliche Form des Naturorakels noch spürbar.

Aus der ägyptischen Hochkultur, die bereits über Schriftzeichen und Papier (Blätter der Papyrusstaude) wie auch über Vervielfältigungsmethoden verfügte, stammt schließlich der Tarot, das königliche Spiel. Es ist spannend zu verfolgen, wie dieser Tarot auf seiner Wanderschaft ins Abendland immer neue Formen annahm. Dabei blieben die alten Bilder erhalten, allerdings von jüdischen und christlichen Symbolen überdeckt. Die

9

Juden nahmen die Karten, wie auch manche andere Weisheit, beim Auszug aus dem alten Ägypten nach Kanaan mit. Im gelobten Land entdeckten schließlich die Kreuzritter die Tarotkarten und brachten sie nach Europa. Dort blieben sie bis zur Entwicklung der Buchdruckerkunst wenigen Eingeweihten vorbehalten.

Parallel dazu nahmen die königlichen Karten noch einen anderen Weg. Sie zogen mit dem geheimnisvollen Volk der Zigeuner, das vermutlich im Morgenland auf den Tarot traf und sich die intuitiven Möglichkeiten des Spiels dank der ihm eigenen Spiritualität rasch zu nutze machen konnte. Handlesen, Kartenlegen, Wahrsagen: Das scheint untrennbar mit den Zigeunern verknüpft. Und da dieses fahrende Volk sich hartnäckig jeder Reglementierung widersetzte, blieb den Herrschern, die diesen ungreifbaren Untertanen immer wieder vergeblich einen festen Wohnsitz zu verordnen suchten, nichts anderes übrig, als diese so zu dulden, wie sie eben waren. Selbst die Inquisition behandelte die Zigeuner in der Regel milde. Dahinter steckte die Überzeugung, daß deren Seelen ohnehin nicht zu retten seien, folglich auch nicht des läuternden Feuertodes bedürften. Dennoch waren die Zigeuner vielfach ungerechten Verfolgungen und Bestrafungen ausgesetzt, da sie als minderwertige Menschen galten. Sie besaßen weder bürgerliche Rechte, noch verfügten sie über Fürsprecher. Sie waren verfemte Außenseiter, die nicht zur Welt der Seßhaften zugelassen wurden, von deren Weisheit aber umgekehrt auch nichts nach aussen drang.

Die Zigeuner besaßen also eigene Karten, die sie – allerdings eher selten – mitunter nach bestimmten Regeln mit speziellen Farben bemalten. Meist wurden die Karten vererbt, bis sie zerfielen. Die ursprünglich von Zigeunern gebrauchten Tarotkarten waren auf jeden Fall alle handgefertigt; gedruckte Karten gab es nicht. Deshalb ist eines sicher: Die zahllosen Zigeunertarots, die es heute gibt oder auch früher schon zu kaufen waren, stammen nicht aus dem geistigen Schatz der Zigeuner. Denn sie verstanden es, ihre Geheimnisse zu hüten!

Unsere Karten, die Zigeuner-Wahrsagekarten, tragen also nur einen romantisch verklärten Namen. Ein früher Werbetrick, der den Karten durch das Geheimnisvolle, das die Zigeuner umgibt, einen zusätzlichen Kundenkreis gewinnen wollte.

Bis zu den Zigeuner-Wahrsagekarten ging der Tarot aber noch einen langen Weg. Der italienische Autor Covelluzo schrieb: „Im Jahre 1379 kam das Kartenspiel aus dem Land der Sarazenen, wo es „naih" heißt, nach Viterbo." Noch 1370 stellte ein Mönch namens John von Brefeld fest, daß in der Symbolik der Karten der Zustand der Welt ganz ausgezeichnet dargestellt und gestaltet sei. Diese Ansicht setzte sich in der christlichen Kirche nicht durch. Im Jahre 1378 wurden die Karten in Regensburg verboten, 1381 in Marseille, 1397 in Paris. 1423 bekräftigte der heilige Bernardino von Siena, der Teufel habe die Karten erfunden. 1441 wurde die Einfuhr der Karten nach Venedig untersagt. Schließlich nannte man die Tarotkarten allgemein „das Gebetbuch des Teufels".

Der Zorn der christlichen Geistlichkeit richtete sich vor allem gegen die Bilder der Hohen Arkana. Also veränderten sich die Karten: Die kleinen Arkana des Tarots wandelten sich zu den Spielkarten, wie wir sie heute noch kennen und gebrauchen, dabei wurden aus Schwert, Münze, Stab und Kelch Pik, Karo, Kreuz und Herz. Die Großen Arkana verschwanden aus dem Spiel. Dennoch, und das beweisen allein schon die vielen Verbote, gingen sie als Wahrsagekarten nicht verloren. Da aber der Tarot eindeutig geächtet war, versuchten es findige Geister mit Abwandlungen.

Das Glücksspiel mit Karten war zwar auch unerwünscht, bei weitem aber nicht so gefährlich wie das Wahrsagen. Wenn nun die einen Karten von den anderen nicht mehr zu unterscheiden waren, war es möglich, damit eine „harmlose" Beschäftigung vorzutäuschen.

Das einfache Volk gebrauchte indes weiterhin Würfel, um das Los zu ziehen. Darin offenbart sich, wie hartnäckig alte Kulte weiterleben! Nach wie vor hielt sich z.b. das Steinorakel aus dem Menolithikum (Steinzeit), auch wenn die Steinchen mittlerweile eine quadratische Form angenommen hatten. Erst allmählich fand aus diesen Elementen eine Verschmelzung statt, die das Mainzer Losbuch, das älteste erhaltene Wahrsagekartenspiel in Buchform, uns aufzeigt. Mit einem drehbaren Zeiger konnten acht Bilder angetippt werden, von denen jedes mit einem allgemein gehaltenen Lebensratschlag versehen war. Dieses Buch erschien im Jahre 1505. Noch wurden Hexen verbrannt, ja, die Ausrottung der weisen Frauen im großen Stil stand sogar noch bevor. Dennoch folgten weitere Kartenbücher und Spiele, meist mit einem Titel oder einer Einführung, die das Lächerliche der Kartenwahrsagerei herausstellte.

Diese Methode, unter dem Deckmantel der Lächerlichkeit die Obrigkeit zufriedenzustellen, ohne dem Volk das vorzuenthalten, was es haben wollte, wurde auch fast fünfhundert Jahre später noch gerne verwendet: 1990 erschien in der DDR ein Buch über Wahrsagekünste mit dem Untertitel: „Über die Scheinkunst des Wahrsagens – wahr gesagt." Ansonsten wurde – immer mit dem Anschein des Fragwürdigen – recht ordentlich über Pendeln, Hand- und Kartenlesen berichtet!

Im Jahre 1661 wurde Johann Praetorius' Buch: „Zigeunerkarten oder Chiromantenspiel" gedruckt. Zum ersten Mal warb damit ein Spiel durch seinen Namen mit der Weisheit der Zigeuner. Unter anderem finden wir hiermit ein fundiertes Nachschlagewerk über die Handlesekunst (Chiromantie), versehen mit etlichen Beispielen. Handlesen blieb das verbreitetste Orakel, die Hände waren schließlich stets greifbar. Der Interessierte konnte zur Chiromantie aus zahlreichen Quellen schöpfen: Chinesisches Wissen ebenso wie römisches oder griechisches waren dem gebildeten Leser zugänglich.

Noch sollten allerdings zweihundert Jahre vergehen, bis Wahrsagen aus Karten Teil des Volksgutes wurde. Denn wer aus dem einfachen Volk konnte es sich damals schon leisten, Karten zu kaufen, oder war gar in der Lage, Bücher darüber zu lesen? Das änderte sich mit der allgemeinen Schulpflicht, die sich allerdings erst beträchtlich später durchsetzte. Selbst die Französin Marianne Lenormand, die Frau, die zur Geschichte des Kartenlegens einen nicht wegzudenkenden Beitrag geleistet hat, erhielt nur zwei Jahre Schulbildung. Und das war viel für ein Mädchen aus dem Bürgertum vor der französischen Revolution.

Dieser außergewöhnlichen Frau also, die Kaiser und Könige ebenso beriet wie Bäuerinnen, Soldaten und Dienstmädchen, gelang es zu Beginn des neunzehnten Jahrhunderts, das Wahrsagen aus den schmutzigen Jahrmarktsbuden und den finsteren Hinterhöfen in die Salons zu holen. So wurde aus dem „Gebetbuch des Teufels" der „Zeitvertreib der Dame".

Gedruckt wurden die Karten, mit denen Mlle Lenormand arbeitete, bereits ab 1840. 1860 dann überschwemmte gar eine Flut von Wahrsagekarten den Markt, die sich alle Lenormand-Karten nannten. Und sie wurden offenbar fleißig gekauft!

Marianne Lenormand gebrauchte für ihre Sitzungen Tarot- sowie herkömmliche Spielkarten. Sie entwarf auch ein eigenes Set, die Astro-Mythologischen Karten. Ein umfangreiches Spiel, bestehend aus vierundfünfzig recht großen, unhandlichen Karten. Um die darauf dargestellten

Symbole begreifen zu können, mußte der Spielende schon über einiges Buchwissen verfügen: Die Bilder waren fast alle der griechisch-römischen Mythologie entlehnt, die zu dieser Zeit von den Gebildeten sehr geschätzt wurde. Auch Mlle Lenormands Zeitgenosse Goethe bediente sich dort, wie in seinem Faust erkennbar.

Für den Normalbürger waren die Motive wohl zu abstrakt. Also wurden sie stark vereinfacht und außerdem mehrere in einer Karte zusammengefaßt. Auch das Format wurde handlicher und die Anzahl der Karten verringert. Offenbar reichte das aber noch nicht aus, um sie der breiten Masse wirklich zugänglich zu machen. Zu den üblichen Symbolen – Herz, Karo, Kreuz und Pik – wurden die Karten zusätzlich mit einem erklärenden Wort oder gar einem Sprüchlein versehen. Ganz in der europäischen Tradition der zuvor erwähnten Losbücher. Damit schien sichergestellt, daß jeder noch so einfache Mensch das Orakel gebrauchen und deuten konnte.

Anleitungsbücher zu diesen Karten aus dem vergangenen Jahrhundert sind folglich kaum erhalten, eher Bände mit allgemein gehaltenen Lebensratschlägen oder Hinweisen auf die Lebensgeschichte der Mlle Lenormand, wie etwa in dem im Berliner Literatur und Kunstcomptoir 1847 erschienenen Buch mit dem geschwätzigen Titel: „Karten der berühmten Wahrsagerin Mademoiselle Lenormand aus Paris, allein richtige Anleitung und Erklärung der Wahrsagekunst in zwei Theilen." Die darin vorgestellten Bildmotive stammten aus der feinen Welt des gehobenen Biedermeiers und sind in dieser Form bis heute erhältlich.

Schließlich entwickelten sich daneben andere Formen von Wahrsagekarten. Die Wandlung folgte einem altbewährten Schema: Nach dem erwähnten Mainzer Losbuch, das sich aus nur acht Bildern zusammensetzte, entstanden vor allem in Italien umfangreichere Kartenspiele mit

Anleitungsbüchern. In dem 1520 in Venedig bei Francesco Marcolino da Forli erschienenen Buch „Le Sorti" (das Schicksal) gibt es bereits sechsunddreißig Karten. Sie sollten in einem komplizierten System ausgelegt werden, das für Männer und Frauen jeweils unterschiedlich war, und für jede erhaltene Antwort gab es besondere Folgelegungen. Auffällig an diesem alten Spiel ist, daß die Karten nach sehr allgemeinen menschlichen Zuständen benannt werden, wie etwa Liebe, Begierde, Reue, Ehrenhaftigkeit, Falschheit, Treue und so weiter.

Diese Karten blieben in adligen, reichen Kreisen beliebt, sie unterschieden sich angenehm von den üblichen, als roh und gemein verschrieenen Kartenspielen des Volkes. Jedenfalls die Damenwelt schätzte die „Conversation Cards", wie ein ebensolches Spiel 1775 in England genannt wurde. Es ist immerhin 56 Blatt stark und zeigt eine Fülle von Szenen wie auch inneren Zuständen, alle im barocken Stil gehalten. Die dazugehörigen Bezeichnungen lauten ähnlich wie in dem zweihundert Jahre zuvor entstandenen italienischen Spiel, Tapferkeit oder Betrug, Kirche oder Kontemplation, Nächstenliebe und Herz.

Diesem Beispiel folgend durchlaufen also die verschiedenen, immer noch „Lenormand-Karten" genannten Vorläufer unserer Karten in den zwanziger Jahren dieses Jahrhunderts ihre letzte Verwandlung zu den Zigeunerkarten, wie wir sie nun vorliegen haben. Die Spielkartenfarben (Pik, Kreuz, Karo, Herz) verschwinden, ebenso die Numerierung. Die Bedeutung der Karten beschreibt allgemein menschliche Hoffnungen, Ängste oder Sehnsüchte, wie Geld, Falschheit oder Glück.

Im Katalog der Firma Piatnik in Budapest finden sich 1926 die Vorläufer der heutigen Zigeunerkarten, in Wien dürften eben diese Karten bereits seit 1920 erhältlich gewesen sein.

Um 1960 werden die Bilder behutsam modernisiert und damit haben die Zigeuner-Wahrsagekarten ihre lange Entwicklung beendet! Viele unbekannte Schöpfer haben ihr Antlitz geprägt. Auf diesem langen Weg trugen viele zu dem bestrickend schlichten, überzeugenden Charme dieser Karten bei, die einen beispiellosen, wenn auch geheimen, Siegeszug durch Europa* und dort speziell durch das kommunistische Osteuropa antraten.

*Allein in Deutschland werden jährlich über 10.000 Sets abgesetzt.

Die Faszination der Karten

In der Geschichte des christlichen Abendlandes war und ist das Kartenlegen zur Zukunftsdeutung ebenso beliebt und begehrt wie gesellschaftlich geächtet. Zunächst als Teufelswerk abgetan, dann als unreifer Aberglaube, bleibt dieses Orakel bis heute einer vorwiegend verstandesmäßig ausgerichteten Bevölkerungsschicht verschlossen. Auch Geneigtere haben vielerlei Einwände: durch das Kartenlegen würde man abhängig, fatalistisch und vieles Schlimme mehr.

Auf der Esoterikwelle schwimmend, beschäftigen sich allerdings immer mehr Menschen mit Wahrsagekarten, und das aus gutem Grund. Schließlich gibt es kaum einen verschwiegeneren, objektiveren Ratgeber als die Karten! Ich möchte hier niemanden überzeugen, denn ich bin der Meinung, wer mit Karten arbeitet, hat keine Zweifel an der Aussagekraft dieses Orakels. Wem diese Methode fremd erscheint, der braucht sie vermutlich auch nicht.

Im einfachen Volk gab es immer Grund genug, sehnsuchtsvoll oder ängstlich in die Zukunft zu blicken. Und Machthaber, gleich ob sie nun der Kirche oder der kommunistischen Partei vorstanden, zählten nie zu den Helfern und Tröstern in allzu menschlicher Not. Eher wandte sich da der Ratsuchende an die sogenannten Hexen, die ja meist weise Frauen und Heilerinnen waren, so es sie noch gab. Aber eigentlich half einem da jedwede Frau, ob Küchenmädchen oder Waschfrau, die eben diese Kunst beherrschte. Weitaus die wenigsten wandten sich an eine hauptberufliche Wahrsagerin, die es natürlich in jeder Qualitätsabstufung gab. Es heißt, daß sich im Berlin des Jahres 1900 Tausende mit Kartenlegen ihren Unterhalt verdienten! Mit Sicherheit erreichten allerdings nur wenige die legendäre Trefferquote der Marianne Lenormand. So bleibt es verständlich, daß die meisten ihre Karten im stillen Kämmerlein befragten.

Kein geringerer als der Künstler und Schriftsteller Alfred Kubin besaß Zigeuner-Wahrsagekarten. Bekannt wurde er gleichermaßen durch seine geheimnisvollen, surrealistischen Bilder wie durch seine esoterischen Romane. Dieser Mensch mit der seltenen Doppelbegabung fühlte sich von den Zigeunerkarten so inspiriert, daß er ab dem Jahre 1930 ein eigenes Set nach diesen zeichnete, das er „Zirkus des Lebens" nannte. Dazu schrieb er: *„Woher die Wahrsagekunst kommt, wissen wir nicht. Vermutlich ist sie, wie so viele spekulativ-mystische Äußerungen unseres Geistes, orientalischen Ursprungs. Diese Sammlung von 32 Aufschlagkartenbildern verdankt ihr Entstehen einer Erinnerungsstimmung. Bei Köchinnen, Wartefrauen, k.k. Amtsdienerfamilien wie überhaupt in kleinbürgerlichen Häusern sah man in meinen Kinderjahren mitunter solche Spiele im Gebrauch. Wurzelt doch der Wunsch, das Künftige zu erfahren, ganz tief in der Seele einfacher Menschen. Ich bin der Ansicht, daß man selbst nebensächliche Zeitdokumente, sobald ihnen ein gewisser kultureller Wert zukommt, nicht verschwinden lassen soll im Kehraus einer allzu pietätlosen Epoche. Was schert diese sich zum Beispiel um den unvergeßlichen Zauber der 80er Jahre des vorigen Jahrhunderts, da man sich im alten Österreich, dem wahren China Europas, unter anderem auch in den oben erwähnten Kreisen solcher Wahrsagekarten bediente. In den banalen, treuherzigen Figuren ist so viel Unaussprechliches enthalten, das auch heute noch für jene fühlbar wird, bei denen das Organ dafür noch nicht ganz verkümmert ist. Ich freilich war gezwungen, diese trivial armseligen Gestalten vorsichtig tastend aus meinem Gedächtnis zu erschaffen, die gerade in dieser* *einfachen Form dazu geeignet sind, den inneren Klang der ewigen Symbole lebendig zu erhalten. So war meine künstlerische Aufgabe besonders verwickelt. Als komplicierte Natur kann man eine konventionell-naive Leistung nur zustande bringen, auf die Weise wie etwa ein erfahrener Schauspieler ein argloses Kindergemüt auf der Bühne darstellt. Das Spiel enthält in volkstümlicher Bilderschrift eine ganze Weisheit schicksalsgläubiger Selbstbescheidung, die für alle Zeiten gilt. Ich wußte mich also hier auf philosophisch symbolischem Boden künstlerisch arbeitend und glaube mit Recht, dieser Folge, die ich mir als Gegenstück zu meinem Totentanz denke, den Obertitel Zirkus des Lebens geben zu dürfen.*"

Selbst ein hochkarätiger Esoteriker wie Alfred Kubin wagte es nicht, zuzugeben, daß er die Karten benutzt hatte. Obwohl er äußert, er habe die Figuren aus dem Gedächtnis erschaffen, fand sich 1977 im Nachlaß des Künstlers auf seinem ehemaligen Wohnsitz Schloß Zwickledt ein Set unserer Zigeunerkarten, mit, wie es heißt, „leichten Gebrauchsspuren."

Kubin verschenkte seine selbst gemalten Kartensets, suchte auch nach Verlegern. Zu Lebzeiten setzte sich seine Form der Zigeunerkarten nicht durch. Auch heute werden sie mehr als Kunstwerk denn als Wahrsagekarten geschätzt. Das ist nicht unbedingt ein Verlust: Es gehört nicht viel Phantasie dazu, in Kubins Roman „Die andere Seite" auch die geistige Diktatur des Dritten Reichs wiederzuerkennen. Der Künstler war offenbar in der Lage, die Zukunft vorauszusehen, und 1930 erblickte er nur Schreckliches. Daraus erklärt sich, daß sich in seinem Zigeunerkartenset nur noch elf positive, aber 21 negative Motive finden. Das volkstümliche Spiel hingegen bringt es auf zwanzig gute und nur elf schlechte Karten. Das macht seinen Reiz aus und stellt sicher, daß Sie bei Ihrer Arbeit mit den Karten mit Sicherheit die besten Lösungen für Ihre Fragen entdecken werden.

Während es zahllose Bücher zum Tarot gibt, dürften sich zum Thema Zigeunerkarten gerade so viele finden wie Finger an einer Hand. Sogar eher weniger. Und dennoch werden sie so viel gekauft! Ich stieß bei meinen Nachforschungen über die Herkunft der Zigeunerkarten immer wieder auf tote Spuren. Es dauerte, bis ich mir dieser Tatsache wirklich bewußt wurde. Wenn es keine Bücher gab, aber so viele Sets im Umlauf waren, dann mußte ihr Gebrauch also noch ganz selbstverständlich sein. Schließlich erinnerte ich mich an eine Frau aus dem ehemaligen Jugoslawien, die mir einmal in einer Lebenskrise eben diese Karten gelegt hatte. Ich begann nun, immer wieder Frauen aus Osteuropa auf das Thema anzusprechen. Was ich zu hören bekam, diente dazu, mein Bild von der kommunistischen Herrschaft nachhaltig zu verändern.

Speziell Frauen aus dem ehemaligen Jugoslawien lächelten mit wehmütiger Erinnerung, wenn ich ihnen die Zigeunerkarten zeigte. *„Oh ja, das haben wir früher alle gemacht,"* lautete der einhellige Kommentar. Allerdings was gemacht wurde und wie, das wollten mir durchaus nicht alle erzählen. Das sei eben Intuition, wurde mir schon mal knapp beschieden. Oder, darüber spräche man nicht, vor allem nicht in der Öffentlichkeit, und schon gar nicht, um es in einem Buch zu verraten. Schwierig genug war es schon, zur Zeit der Kommunisten in den Besitz der Karten zu gelangen. *„War es nicht verboten?"* fragte ich. *„Oh, alles war verboten. Weihnachtsbäume aufstellen, in die Kirche gehen. Das konnte überprüft werden, ob wir das tun. Aber kleine Karten, in der Schürzentasche versteckt?"*

Gekauft wurden die Karten schwarz, auf dem Wochenmarkt. Mit den abwaschbaren Hochglanzbildchen, die wir heute erwerben können, hatten sie meist nur die Motive gemeinsam. Auf schlechter Pappe gedruckt, in einer undefinierbaren Farbe zwischen grau und grün, so waren sie erhältlich. Ohne Anleitung? Doch, wurde mir versichert, manchmal gab es ein Buch. Aber selten. Deshalb wurde es verliehen, sobald man sich mit dem Inhalt vertraut gemacht hatte.

Irgendwann fand auf abenteuerlichen Umwegen tatsächlich ein solches Buch zu mir: eine Kurzfassung vieler Wahrsagetechniken, ein wenig Astrologie, ein bißchen Handlesen. Dem Zigeunerkartenspiel war darin ein so kleiner Teil gewidmet, daß ich es kaum glauben mochte. Also ließ ich mir die in Osteuropa gebräuchlichste Methode schließlich zeigen. Es war der „Siebenarmige Leuchter", eine Folge von sieben Legungen, die ein wenig Geduld erfordern, aber keineswegs schwierig sind. Dafür um so aufschlußreicher, wie Sie feststellen werden, wenn Sie ihn einmal ausprobieren; er ist in diesem Buch erklärt.

Was nun kann mit den Zigeunerkarten erforscht werden? Wenn Sie die Bilder mit den Begleitworten durchgehen, werden sie vielleicht, wie ich zu Beginn meiner Nachforschungen, zur Auffassung kommen, hiermit könnten besonders Fragen der Liebe, im umfassendsten Sinn, beantwortet werden. Tatsächlich sind diese Karten dafür auch besonders geeignet. Sie spiegeln eben die Zeitepoche, in der sie ihre endgültige Form fanden: Denn noch zur Jahrhundertwende war Träumen von der großen Liebe zwar genauso verbreitet wie heute, aber Ehen wurden fast immer nach anderen Gesichtspunkten geschlossen.

Ich will hier nur einige Beispiele von dem geben, was mir über die Möglichkeiten der Zigeunerkarten zu Ohren kam. Eine Frau mittleren Alters erzählte mir folgendes: *„Als ich ein junges Mädchen war, hatte ich große Angst vor meiner Abschlußprüfung. Außerdem hatte ich zwei Verehrer und konnte mich nicht für den richtigen entscheiden. Also ließ ich mir von meiner Tante zeigen, wie man die Karten legt.*

21

Alles ist so eingetroffen. Ich wußte dadurch, daß ich die Karten gelegt hatte, wer der richtige Mann für mich war. Ich bin heute noch mit ihm verheiratet. Außerdem erfuhr ich, wie ich meine Prüfung bestehen konnte. Dazu lag da eine große Reise, was mich wunderte. Aber bald darauf bin ich ausgewandert und lebe seither im Ausland."

Eine betagte Dame erinnerte sich an folgende Begebenheit: „*Ich war noch sehr jung, vielleicht fünfzehn, als ich einmal für eine alte, gebrechliche Verwandte harte Gartenarbeit machen mußte. Ich tat das natürlich nicht gern, aber sie versprach mir, daß sie mir hinterher die Karten legen würde. Ich wähnte mich sehr verliebt, wie halt junge Mädchen so schwärmen, deshalb freute ich mich natürlich darüber. Ich wollte nämlich hören, daß mein Schatz mich auch liebt. Es war Freitag, der Tag an dem man Kartenlegen und Kaffeesatzlesen zu Hause macht. Also hatte ich Glück und mußte nicht warten. Meine alte Kusine sagte mir dann, das mit dem Jungen sei nur Kinderei, ich würde ihn schnell vergessen. Doch ich würde bald einen anderen kennenlernen, der mir aber das Herz brechen würde, und außerdem bekäme ich zwei Kinder von ihm und müßte sie allein durchbringen. Ich hätte allerdings viel Kraft und würde eine Reise unternehmen in ein anderes Land. Dort käme ich zu Reichtum, meine Kinder würden etwas werden, und ich fände dort auch die große Liebe. Auch über die Art der Arbeit sagte die Frau etwas, ich habe den Wortlaut vergessen, aber es stimmte, soweit erinnere ich mich noch. Danach wollte meine Verwandte mir noch aus dem Kaffeesatz lesen, aber ich war so entsetzt, über das was sie gesagt hatte, daß ich weinend davonlief. Wer weiß, was ich da erfahren hätte! Schade, denn fast alles andere hat auch gestimmt. Ich habe nämlich von meinem ersten Mann nur ein Kind, und ein zweites von meinem zweiten Ehemann. Zwar hat die* erste Ehe doch länger gehalten, als ich nach diesem Kartenlegen vermutet hätte, aber alles andere ist genau so gekommen. Das ist jetzt fast fünfzig Jahre her, aber ich entsinne mich recht genau, weil es in mir einen tiefen Eindruck hinterlassen hat."

Mit dem nun folgenden, letzten Beispiel möchte ich deutlich machen, daß ein geübtes Auge auch große gesellschaftliche Zusammenhänge erkennen kann, selbst in der Kartenlegung für eine Einzelperson: „Bevor es losging mit dem Bruderkrieg in unserem Land, bin ich nach Hause gereist. Da war eine alte Frau in unserem Dorf, die legte Karten und machte auch andere geheime Sachen. Aber nur wenn sie gut gelaunt war, außerdem verlangte sie normalerweise etwas dafür, eine Arbeit oder etwas zu essen oder Geld. Weil ich aber Gastarbeiterin sein muß und so selten nach Hause komme, machte sie es mir sogar, ohne daß ich gefragt hatte, und umsonst. Sie war sehr traurig, als sie legte, denn sie sagte, nun sei sie doch sicher, daß wieder ein Krieg käme. Denn damals, beim Weltkrieg, sei immer wieder der Offizier neben dem Feind gekommen, und dann Unglück und Tod. Und damals (beim zweiten Weltkrieg) immer die Witwe, jetzt aber lägen auch viele Witwer da, das heißt, auch für die Frauen würde es schlimm werden. Und jede und jeder im Dorf, der gerade käme zum Kartenlegen, der habe es so ähnlich. Immer dieselben Karten. Den Rest will ich nicht erzählen, denn das ist persönlich. Aber es hat mich doch sehr erschüttert, daß sie recht hatte, und wieder ein Krieg gekommen ist, so ein schrecklicher, wie sie gesagt hat. Schade, daß niemand von den Großen auf solche Karten hört." Dem bleibt nichts hinzuzufügen!

Einstieg ins Kartenlegen

Die Zigeunerkarten eignen sich besonders für alle, die sich zum ersten Mal mit Kartenlegen beschäfigen wollen. Aber auch erfahrene Praktiker werden immer wieder gern auf dieses Spiel zurückgreifen, weil es so klare und eindeutige Ergebnisse liefert. Mit zunehmender Erfahrung schärft sich der Blick für Kombinationen oder ganz allgemein für das, was die Karten speziell einem selbst zu sagen haben.

Mit Ihren eigenen Fragen erlernt sich das Kartenlegen am besten. Sie selbst kennen ja die Umstände Ihres Lebens so genau wie niemand sonst, ebenso Ihre geheimsten Wünsche oder Sehnsüchte. Folglich werden Sie auch aus den Karten viel herauslesen können.

Es gehört schon einige Erfahrung dazu, einer gänzlich unbekannten Person die Karten zu legen. Zudem hat es auch seine Tücken, Freunden oder Bekannten diesen „Service" anzubieten. Zum einen besteht bei Kenntnis der Lebenslage des anderen die Gefahr, daß Sie als Deuter der Karten etwas hineininterpretieren. Zum anderen, das haben ja vielleicht die vorher zitierten Erzählungen verdeutlicht, werden Sie nicht unbedingt auf Begeisterung stoßen, wenn Sie einem Freund, einer Freundin die Hoffnungen zerstören müssen. Daran können sogar langjährige Freundschaften in die Brüche gehen.

Also: Sammeln Sie erst einmal Erfahrungen. Sie selbst sind Ihr bestes Versuchsobjekt! Schreiben Sie sich die Legungen und, was Sie daraus gelesen haben, am besten auf. So erkennen Sie bald, ob Sie richtig gedeutet haben. Es sind niemals die Karten, die falsch liegen, Fehler entstehen nur aus der Deutung!

Bevor Sie nun zum ersten Mal mit den Karten arbeiten wollen, **schaffen Sie sich Raum**, bildlich und tatsächlich. Für die meisten Legungen brauchen Sie einen recht großen Tisch. Oder Sie setzen sich auf den Boden und nutzen die leere Teppichfläche. Befragen Sie als Anfänger nie unter Zeitdruck! Von Marianne Lenormand wird gesagt, daß sie manchmal einen ganzen Tag und eine Nacht brauchte, um ein Problem mit allen erdenklichen Legungen zu beleuchten. In dieser Gründlichkeit lag der Erfolg der großen Wahrsagerin begründet. Das ist bei Ihnen nicht anders! Eile bringt hier kein gutes Ergebnis.

Später, wenn Sie mehr Erfahrung haben. können Sie schon mal schnell eine Einzelfrage bearbeiten. Aber auch dann ist Vorsicht geboten. Zu leicht verschiebt sich die Interpretation ins Gewünschte oder Gefürchtete, wenn ohne Sorgfalt gedeutet wird.

Auch wenn man gefühlsmäßig belastet ist – zum Beispiel durch Liebeskummer – trübt sich leicht der Blick. Wählen Sie also für den Anfang einen Tag aus, an dem Sie sich normal, ganz im Gleichgewicht fühlen.

Ganz wichtig ist die **richtige Fragestellung**. Die Antwort kann nur so treffend sein, wie die Frage genau formuliert wurde. Wenn Sie sich beim ersten Legen einen Gesamtüberblick über die gegenwärtige Lebenslage verschaffen wollen, ist das noch nicht so wichtig. Sowie Sie aber etwas ganz genau wissen wollen, müssen Sie darüber nachdenken, was Sie wirklich wissen wollen. Es ist gerade wie im alltäglichen Leben: Ohne Ziel kommt man nie an.

Wie kann solch eine exakte Formulierung nun aussehen? Hier ein paar Negativbeispiele mit Korrekturempfehlung. Nicht: Wann lerne ich einen interessanten Mann oder eine interessante Frau kennen? Sondern: Wann lerne ich meinen Lebenspartner kennen? Nicht: Finde ich bald

Arbeit? Sondern: Welche Schritte verhelfen mir zu einer neuen Stelle? Es ist auch nicht sinnvoll zu fragen, wann Sie im Lotto gewinnen werden, wenn Sie gerne etwas mehr Geld zur Verfügung hätten. Fragen Sie lieber: Auf welchem Wege will das Geld zu mir kommen? Denn es gibt wesentlich wahrscheinlichere Möglichkeiten als gerade im Lotto zu gewinnen.

Wenn Sie also Ihre Frage genau erfaßt haben, geht es ans Mischen. Traditionell gibt es **drei Methoden, die Karten zu mischen**.
1.) Sie machen sich innerlich leer und denken an nichts. Völlig entspannt mischen Sie dann die Karten.

Begreiflicherweise gelingt das nicht so gut, wenn Sie eine bestimmte Antwort brauchen. Und das wird auch der häufigste Anlaß zum Orakelspiel sein. Für diesen Fall gibt es gleich zwei Methoden des Mischens:
2.) Diese erste erfordert scharfe Konzentration. Während Sie die Karten mischen, denken Sie genau an Ihr Problem oder Ihre Frage. Wählen Sie dazu möglichst ein Bild, das die Situation verdeutlicht. Also, wenn Sie beispielsweise befürchten, Ihr Partner oder Ihre Partnerin wäre untreu, weil Sie ihn oder sie im Café mit einer unbekannten Person gesehen haben, vergegenwärtigen Sie sich diese Situation möglichst ohne Gefühle. Einfach so, wie Sie eine Fotografie betrachten würden

Wenn eine Angelegenheit Sie besonders aufwühlt, dann empfiehlt sich die dritte Version des Mischens:
3.) Sie mischen die Karten und denken dabei an Ihr Problem, indem Sie auch hier ein Bild dafür finden, lassen aber Ihren Gefühlen freien Lauf. Nach dem Mischen breiten Sie die Karten auf der vorgesehenen

Fläche aus und wählen, ohne zu überlegen, so viele Karten aus, wie Sie für Ihre Arbeit benötigen.

Haben Sie nach Methode 3 gemischt und machen sich nun Gedanken, die Kartenauswahl zu stark beeinflußt zu haben, nur keine Sorge! Die Legungsreihe „Der Siebenarmige Leuchter", die speziell zu diesem Kartenset gebräuchlich ist, hat ein besonderes System, die Karten nach dem Auslegen noch einmal vermischt zu betrachten und erst dann zu deuten. Die dritte Mischart ist also integriert, ohne daß Sie sich allzu viel Gedanken um die richtige Methode machen müßten. Dennoch ist es, wenn Sie die Karten für sich selbst legen möchten, sinnvoll, sich anfangs zu prüfen und zu überlegen, auf welche Art Sie die Karten mischen wollen.

Nach dem Mischen nach Methode 1 und 2 geht es wie folgt weiter: Traditionell **hebt man mit der linken Hand ab**, jedenfalls dann, wenn es sich um eine Herzensangelegenheit handelt. Und da diese Frage meist mit im Spiel ist, gewöhnen Sie sich das Abheben „mit links" am besten gleich zu Beginn des Legens an. Es ist eigentlich immer richtig. Nach den Erkenntnissen der modernen Gehirnforschung spielen sich die kreativen Denkprozesse vorwiegend in der rechten Gehirnhälfte, die mit der linken Hand in Verbindung steht, ab. Das wäre noch eine andere Erklärung für die althergebrachte Vorgehensweise.

Nachdem Sie nun die gemischten Karten in **drei etwa gleichgroße Stöße** aufgeteilt haben, fügen Sie sie in umgekehrter Reihenfolge wieder zu einem großen zusammen und ziehen Sie von oben so viele Karten, wie Sie zu der von Ihnen ausgewählten Legung benötigen. Legen Sie nun die Karten nach dem jeweiligen Schema aus, und deuten Sie sie in der angegebenen Reihenfolge. Dies finden Sie bei den Legungen ausführlich dargestellt. Betrachten Sie die Motive in Ruhe, und überlegen Sie, was Ihnen spontan dazu einfällt. Lesen Sie erst dann die Erläuterung zu der jeweiligen Karte. Durch dieses Vorgehen schulen Sie Ihre Intuition und lernen, auf den ersten Eindruck zu achten. Beim Kartendeuten ist der allemal der wichtigste!

Wenn Sie nun alle Karten einzeln gedeutet haben, stellen Sie den **Zusammenhang** her. Dafür ist für den Anfang die Kombinationsreihe, die Sie zu jeder einzelnen Karte in diesem Buch finden, hilfreich. Später wird Ihnen dazu auch ohne Anleitung genug einfallen.

Das Deuten der Zigeunerkarten fördert das vernetzte Denken und ist ohne diese Fähigkeit in seiner Vollendung gar nicht möglich. Sie müssen also Zusammenhänge herstellen, manchmal rein assoziativ, weil der Verstand die Verknüpfung nicht erkennen kann. Sie wissen ja: Übung macht den Meister! Wenn Sie gerne Karten legen, haben Sie auch die Begabung dazu. Dann ist es für Sie auch erlernbar! Am Anfang werden Sie noch oft nachschlagen müssen, aber mit der Zeit werden Sie feststellen, daß Sie das Buch immer seltener brauchen. Dann sind Sie auch sicherlich soweit, daß Sie anderen mit dieser Methode helfen können.

Beim „Siebenarmigen Leuchter", der ja aus verschiedenen Legungen besteht, machen Sie sich am besten immer einige Notizen, ehe Sie die Karten erneut mischen und auslegen. Nur so haben Sie am Ende alle Informationen parat und können sicher sein, daß Ihre zusammenfassende Deutung auch den Kartenbildern entspricht und nicht Ihrem Wunschdenken oder Ihren Befürchtungen entspringt.

Wiederholen Sie die große Legungsreihe nicht täglich. Blättern Sie stattdessen öfter mal in Ihren Aufzeichnungen, um zu überprüfen, ob sich die Voraussagen verwirklichen. Wenn dies nicht der Fall ist, legen Sie die Karten nach den Notizen erneut aus und betrachten Sie die Anordnung unter den Gesichtspunkten, über die Sie jetzt verfügen. Dadurch haben Sie eine unmittelbare Korrekturmöglichkeit und wissen, wie die jeweilige Karte in Ihrem Lebenszusammenhang zu verstehen ist. Erst nach etwa drei bis vier Wochen lohnt es sich, den ganzen „Siebenarmigen Leuchter" zu wiederholen.

Wenn Sie gerade zu Beginn häufiger üben möchten, haben Sie die Möglichkeit, nach der ersten Legung des Leuchters mit den **Kreuzen** alle möglichen Fragen zu bearbeiten. Damit üben Sie, sowohl die Karten zu deuten, als auch die Erfüllung der Voraussage zu beobachten.

Darf ich vorstellen:
Die einzelnen Karten

Bevor Sie nun an die Arbeit gehen, empfehle ich Ihnen, die Deutung jeder einzelnen Karte einmal aufmerksam durchzulesen. Auf diese Weise gewinnen Sie bereits einen Gesamtüberblick, auf den Sie zurückgreifen können, wenn Sie dann die ausgelegten Karten betrachten.

Da die Karten nicht numeriert sind und auch sonst keine Farben wie Herz oder Pik mehr tragen, sind sie alphabetisch geordnet, damit Sie sie leicht finden können. Die Reihenfolge hat nichts mit einer Wertigkeit der Karten zu tun, sondern nur mit einer Ordnung.

Zu jeder Karte führe ich die gängigsten Kombinationen an. Wenn Sie Ihre Konstellation nicht entdecken, überlegen Sie, was diese wohl bedeuten könnte. Sie werden bald ein Meister im Zusammenfügen der Bedeutungen sein, das liegt in der Natur des Zigeunerkartenspiels. Sollte Ihnen zu Beginn nicht gleich etwas einfallen, verlieren Sie nicht den Mut! Beim nächsten Schritt der Legung z.B. des „Siebenarmigen Leuchters" werden Sie Genaueres zu Ihrer Frage erfahren.

Nachfolgend nun eine Einteilung der Zigeunerkarten in Grundbegriffe. Da es hilfreich ist zu wissen, welche Karten zum Beispiel grundsätzlich als Personenkarte gebraucht werden können, erhalten Sie hier eine Zuordnung, die Ihnen die Arbeit erleichtern kann.

Personenkarten

Normalerweise „Geliebte" oder „Geliebter" für die fragende Person. Möglich, je nach Themenstellung, ist auch „Witwe" oder „Witwer". „Geistlicher", „Offizier" oder „Richter" stehen für Menschen mit bestimmten Funktionen oder Eigenschaften, die auch Frauen sein können! „Kind" steht für eines oder mehrere Kinder, aber auch für junge Menschen. „Dieb" und „Feind" sind Menschen, die einen negativen Einfluß auf den Fragenden haben und können auch Frauen sein. Weitere Personen: „Gedanken" (Mann), „Traurigkeit" und „Hoffnung" (Frau)

Gefühle, Zustände

Liebe, Glück, Unverhoffte Freude, Hoffnung Sehnsucht, Eifersucht, Traurigkeit, Verdruß, Verlust , Falschheit

Ereignisse

Besuch, Botschaft, Brief, Geschenk, Heirat. Krankheit, Reise, Tod, Unglück, Verdruß, Verlust

Arbeit, Besitz

Etwas Geld, Geld, Geschenk, Haus, Beständigkeit

Spiritualität

Gedanken, Geistlicher, Beständigkeit, Tod, Kind

Natürlich sind das nur einige Möglichkeiten, die Karten zuzuordnen. Davon gleich mehr. Sie haben ja schon gemerkt, daß einige Karten in mehreren Rubriken auftauchen! Interessant ist, daß es keine Karte mit dem Namen „Arbeit" gibt. Und das, obwohl es sich um ein Orakelspiel des einfachen Volkes handelt! Dennoch werden Sie viele Hinweise zum Thema Arbeit finden. Sie entstehen aus den Kombinationen, speziell mit der Karte „Beständigkeit". „Beständigkeit" steht für die Auseinandersetzung mit dem Materiellen, also in unserer Realität meistens die Berufstätigkeit.

BESTÄNDIGKEIT

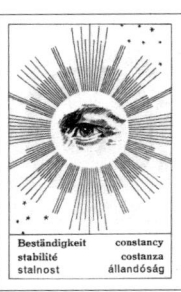

Beständigkeit   constancy
stabilité   costanza
stalnost   állandóság

Allgemein

Diese Karte sagt Ihnen, daß Sie durch Ausdauer und Beharrlichkeit Ihr Ziel erreichen werden. Lassen Sie sich also nicht entmutigen, wenn alles nur langsam vorangeht! „Gut Ding will Weile haben", dieses Sprichwort ist geradezu für die Karte Beständigkeit erschaffen worden. Grundsätzlich symbolisiert die Beständigkeit die Berufswelt.

Liebe, Beziehung zu anderen Menschen

In der Liebe haben Sie eine stabile Phase. Nicht gerade die aufregendste Partnerschaft, aber ein verläßliches Miteinander. Sollten Sie einen Partner suchen, dürfte es noch eine Weile dauern, bis Sie den richtigen finden. Bleiben Sie bis dahin sich selbst treu, und entwickeln Sie Ihre Fähigkeiten!

Beruf, Besitz

Der Arbeitsplatz ist Ihnen sicher. Wenn Sie sich als zuverlässig und fleißig erweisen, winkt auf lange Sicht sogar eine Beförderung. Sollten Sie eine Wohnung oder ein Haus suchen, überstürzen Sie nichts! Sie werden Erfolg haben, aber auch der braucht seine Zeit. Es ist eine gute Zeit, zu sparen oder sein Geld anzulegen.

BESTÄNDIGKEIT in Kombination mit...

...Heirat:	Arbeitsvertrag, neue Geschäftsverbindung
...Kind:	Pädagogischer Beruf, beruflicher Neuanfang
...Etwas Geld:	Geringer bis mittlerer Verdienst bzw. niedere bis mittlere Position
...Geld:	Guter Verdienst, führende Stellung, Selbständigkeit
...Offizier:	Beruf mit Uniform, z.b. Polizist, Briefträger, Schaffner etc.
...Gedanken:	Geistige Arbeit, Wissenschaftler, Hochschulbereich
...Botschaft:	Tätigkeit mit Kommunikation, Computer, etc.
...Brief:	Büroarbeit, schreibende Tätigkeit
...Reise:	Arbeit im Reisebüro, viele Geschäftsreisen, auch: Taxi
...Richter:	Juristische Tätigkeit, auch: Gericht
...Haus:	Hauswirtschaft, Gartenbau, Landwirtschaft, Bau, Immobilien
...Geschenk:	Liebe zur Arbeit, Berufung
...Besuch:	Vertreter, viele Kundenbesuche, Hotel, Gastronomie
...Krankheit:	Arbeit im Gesundheitswesen, auch: Arzt
...Geistlicher:	Priester/in, Helfer, Lebensberatung, spirituelle/r Lehrer/in
...Treue:	Verdienter Mitarbeiter
...Fröhlichkeit:	Unterhaltungsbranche, Theater, Fernsehen, Musik, etc.
...Unglück:	Katastropheneinsatz, auch Berufsunfall

BESTÄNDIGKEIT in Kombination mit...

...Verdruß: Ärger am Arbeitsplatz, im Beruf

...Falschheit: Der falsche Beruf, auch Geheimdienst

...Feind: Jemand will Ihnen beruflich schaden.

...Dieb: Unlautere Geschäftsmethoden, Kriminalität

...Verlust: Mögliche Kündigung, Arbeitslosigkeit

...Tod: Ruhestand, eventuell auch: Bestattungsinstitut

BESUCH

Allgemein

Besuch	visit
visite	visita
posjeta	látogatás

Etwas Neues kommt auf Sie zu: Besuche, Begegnungen, Menschen, die Innen neue Möglichkeiten eröffnen. Eine gesellige, durchaus auch unruhige Zeit steht Ihnen bevor. Pflegen Sie Ihre Freundschaften! Sie sollten sich im Moment wirklich nicht ins stille Kämmerlein zurückziehen, auch wenn es Ihnen bisweilen zu turbulent wird. Nutzen Sie die Gunst der Stunde, um neue Kontakte zu knüpfen und Ihr soziales Netz zu stärken.

Liebe, Beziehung zu anderen Menschen

Es ist gerade nicht die Zeit, sich zu binden. Sie lernen so viele interessante Leute kennen, wie sollten Sie sich dann auf einen festen Partner/eine feste Partnerin festlegen können? Mit Sicherheit winkt aber in absehbarer Zeit eine interessante Verabredung. Oder ein lang ersehnter Besuch?

Beruf, Besitz

Am Arbeitsplatz macht sich Unruhe breit. Ständig zusätzliche Termine, wahrscheinlich mit aufwendigen Gesprächen. Bleiben Sie entspannt und gewinnen Sie den vielen „Besuchen" etwas Positives ab. Schließlich lernen Sie dadurch ja auch neue Leute kennen! Sollten Sie ein Haus oder eine Wohnung suchen, dann müssen Sie sich aufmachen und mehrere besichtigen.

BESUCH in Kombination mit...

...Liebe:	Eine neue Liebe
...Kind:	Kinderfest, Besuch für Ihr Kind
...Geschenk:	Ein willkommener Besuch, auch Gastgeschenk
...Brief:	Gäste kündigen sich an.
...Reise:	Gäste von weither
...Botschaft:	Gast mit interessanten Neuigkeiten
...Haus:	Viel Bewegung im Haus durch Gäste
...Gedanken:	Wer würde sich über Ihren Besuch freuen?
...Geld:	Das Geld kommt und geht.
...Witwe/Wittwer:	Kondolenzbesuch, Bestattung
...Glück:	Ein Besuch macht Sie glücklich.
...Unverhoffte Freude:	Unerwartet kommen liebe Freunde.
...Traurigkeit:	Ein Gast macht Ihnen Kummer.
...Sehnsucht:	Einsamkeit
...Fröhlichkeit:	Party, Fest, Ball
...Geistlicher:	Gottesdienst
...Krankheit:	Krankenbesuch
...Offizier:	Behördengang
...Verdruß:	Mißglückte Einladung
...Falschheit:	Es kommen Menschen auf Sie zu, die Ihnen schaden können.
...Diebe:	Einbruch
...Tod:	Gefahr

BOTSCHAFT

Botschaft message
message messaggio
poruka üzenet

Allgemein

Diese Karte steht für Verständigung, Nachricht, Kommunikation. Im Zeitalter der Medien kann die Botschaft Sie über Fax oder Internet, Telefon oder PC erreichen. Jedenfalls ist es zunächst Wissen, das Sie wahrnehmen sollen. Denn ob die Botschaft gut oder schlecht, angenehm oder quälend ist, erläutern die umliegenden Karten.

Liebe, Beziehung zu anderen Menschen

Nehmen Sie die Gelegenheit wahr, und pflegen Sie einen regen Austausch mit Ihrem Partner/Ihrer Partnerin. So leicht wie im Moment wird Ihnen das selten gelingen. Sollte Ihr Liebster/Ihre Liebste weit entfernt von Ihnen sein, wird die Beziehung dennoch lebendig bleiben. Zur Qualität der Gespräche müssen Sie auch hier die Einflüsse der umliegenden Karten beachten.

Beruf, Besitz

Setzen Sie alles auf Ausbildung und Erweiterung Ihres Wissens. Und reagieren Sie äußerst hellhörig auf alles, was Ihnen zur Zeit so zugetragen wird! Es könnte eine wichtige Botschaft darin enthalten sein, die Ihrem beruflichen Fortkommen dient.

BOTSCHAFT in Kombination mit...

...Geliebte/Geliebter:	Sie erfahren etwas über Ihre Liebste/ Ihren Liebsten.
...Liebe:	Ein Hinweis zu Ihrer Liebe
...Heirat:	Aufgebot
...Kind:	Sie hören von Ihrem Kind.
...Brief:	Wichtige Nachricht
...Beständigkeit:	Eine berufliche Nachricht, Tätigkeit mit Kommunikation
...Glück:	Eine sehr gute Nachricht
...Geschenk:	Eine Information ist ein Geschenk für Sie.
...Geld:	Bescheid über eine große Summe
...Etwas Geld:	Bescheid über eine kleinere Summe
...Hoffnung:	Eine Nachricht bringt Hoffnung.
...Besuch:	Ein Gast bringt Neuigkeiten.
...Unverhoffte Freude:	Unverhoffte Glücksbotschaft
...Fröhlichkeit:	Eine Unterhaltungsveranstaltung
...Offizier:	Behördennachricht
...Richter:	Juristische Papiere
...Reise:	Reiseunterlagen
...Gedanken:	Telepathische Mitteilung
...Geistlicher:	Eine spirituelle Botschaft
...Haus:	Schriftstücke, Informationen über ein Gebäude
...Sehnsucht:	Sie sehnen sich nach Wissen.
...Traurigkeit:	Eine Nachricht bringt Kummer.
...Eifersucht:	Ihre Eifersucht ist begründet.
...Falschheit:	Die Nachricht ist falsch.
...Unglück:	Katastrophenmeldung

BOTSCHAFT in Kombination mit...

...Verdruß:	Eine ärgerliche Nachricht
...Verlust:	Verlustmeldung
...Dieb:	Jemand will Ihnen durch Tratschen schaden.
...Feind:	Sie erfahren etwas von Ihrem Feind.
...Tod:	Todesnachricht
...Krankheit:	Was ist die Ursache Ihrer Krankheit?

BRIEF

Brief   letter
lettre   lettera
pismo   levél

Allgemein

Die Karte Brief bedeutet immer eine positive Nachricht. Es sei denn, es liegen sehr schlechte Karten daneben. Aber auch dann bleibt ein Quentchen Hoffnung. Es ist eine gute Zeit, alle schriftlichen Angelegenheiten in Ordnung zu bringen, Bewerbungen loszuschicken oder schriftliche Arbeiten, etwa fürs Studium, fertigzustellen. Telefonische Kontakte stehen auch unter guten Vorzeichen.

Liebe, Beziehung zu anderen Menschen

Sie erlangen Sicherheit über Ihre Liebe. Erfreuliche Gespräche, Telefonate und Briefe von Ihrem Partner. Es wäre eine gute Idee, lang vernachlässigten Freunden wieder mal eine nette Karte zu schreiben oder die Freundschaft durch eine Gespräch zu intensivieren. Sie erfahren, wie sehr die anderen Sie schätzen, das stimmt Sie froh.

Beruf, Besitz

Sie arbeiten viel mit Schriftstücken, und dies geht ihnen leicht und gut von der Hand. Vielleicht bekommen Sie eine zusätzliche Aufgabe, die Ihnen viel Erfolg bringt. Sollte eine Prüfung bevorstehen, wird sie gelingen. Wenn Sie schon lange einen Kauf planen: Nun wird alles leicht vonstatten gehen!

BRIEF in Kombination mit...

...Geliebte/Geliebter:	Ihr Partner wünscht sich eine Nachricht. Auch: Liebesbrief
...Liebe:	Sie erhalten die Gewißheit, daß Sie geliebt werden.
...Heirat:	Einladung zur Hochzeit, Vertragsunterzeichnung
...Kind:	Geburtsanzeige, gute Nachrichten von Ihrem Kind/ Ihren Kindern
...Geld:	Überweisung oder Scheck über eine große Summe
...Etwas Geld:	Überweisung oder Scheck einer kleineren Summe
...Geschenk:	Sie empfinden eine Nachricht wie ein Geschenk, Buchgeschenk
...Unverhoffte Freude:	Ein Schriftstück bringt Glück, wo Sie es nicht vermuteten.
...Fröhlichkeit:	Einladung zu einem Fest
...Beständigkeit:	Arbeit mit Schriftstücken, lernen für eine Prüfung
...Hoffnung:	Sie setzen alle Hoffnung auf diese Nachricht.
...Glück:	Ein Schriftstück bringt Glück. Auch Lottogewinn möglich
...Besuch:	Einladung
...Reise:	Einladung zu einer Reise
...Haus:	Hauskauf, Mietvertrag
...Offizier:	Ein positiver Behördenbescheid
...Richter:	Ein positives Urteil oder juristisches Papier

BRIEF in Kombination mit...

...Sehnsucht:	Sie sehnen sich nach einer guten Nachricht.
...Krankheit:	Guter Untersuchungsbefund
...Tod:	Todesanzeige, eine Nachricht schafft eine ganz neue Situation
...Gedanken:	Geistige Erkenntnis
...Geistlicher:	Ihr Gebet wird erhört.

DIEB

Personenkarte

Negative Person, männlich oder weiblich

Allgemein

Dieb	thief
larron	ladro
lopov	tolvaj

Es gibt eine Person in Ihrer Umgebung, die Ihnen etwas rauben will. Oder befinden Sie sich gerade selbst auf Abwegen? Überprüfen Sie Ihren Lebensstil, Ihre Einstellung. Tatsächlich können Sie sich selbst auch sehr viel wegnehmen. Etwa die Gesundheit, z.B. durch schlechte Ernährung, mangelnde Bewegung, zuviel Arbeit. Geben Sie gerade zuviel Geld aus?

Liebe, Beziehung zu anderen Menschen

Ihre Partnerschaft raubt Ihnen die Energie, sich weiter zu entwickeln Dies ist eine Beziehung, die Ihnen schadet. Manchmal brauchen wir solche Schwierigkeiten, um zu wachsen. Passen Sie gut auf sich auf, tun Sie Dinge, die Ihnen Kraft geben! Ihre Freundschaften sind eher gesellschaftliche Verpflichtungen. Sie bringen Ihnen nichts, stehlen Ihnen nur Zeit und Energie.

Beruf, Besitz

Sie könnten Ihren Besitz durch Einbruch oder Diebstahl verlieren. Seien Sie sehr wachsam! Wenn Sie gerade reisen, achten Sie auf Geld und Schmuck! Vorsicht auch bei scheinbar lukrativen oder günstigen Angeboten: Es handelt sich um Betrug. Vermeiden Sie, auch wenn die Versuchung noch so groß ist, unlauteres Handeln.

DIEB in Kombination mit...

...Geliebte/Geliebter:	Ihr Partner raubt Ihnen Ihre Lebensenergie.
...Liebe:	Sie könnten Ihre Liebe verlieren.
...Heirat:	Ein Vertrag kann Sie ruinieren. Vorsicht!
...Kind:	Kindesentführung möglich. Vorsicht!
...Beständigkeit:	Unlautere Geschäftsmethoden, Diebstahl am Arbeitsplatz
...Verlust:	Der Diebstahl ist kaum zu verhindern.
...Feind:	Ein gefährlicher Feind will Ihnen schaden.
...Verdruß:	Ärger durch Diebstahl
...Unglück:	Nach einer Katastrophe wird geplündert.
...Traurigkeit:	Jemand raubt Ihnen die Freude.
...Falschheit:	Gut getarnter Diebstahl. Vorsicht!
...Tod:	Raubmord möglich. Vorsicht!
...Krankheit:	Ihre Lebensgewohnheiten machen Sie krank.
...Eifersucht:	Jemand stört Ihre Beziehung.
...Gedanken:	Achten Sie auf Ihr geistiges Eigentum. Vorsicht!
...Etwas Geld:	Taschendiebstahl
...Geld:	Diebstahl im großen Stil
...Reise:	Schließen Sie Wertsachen im Hotelsafe ein!
...Geschenk:	Jemand betrügt Sie um ein Geschenk/eine Erbschaft.
...Haus:	Einbruch. Vorsicht!
...Brief/Botschaft:	Ein Schriftstück wird gestohlen.
...Besuch:	Lassen Sie keine Vertreter in Ihre Wohnung!
...Offizier:	Der Diebstahl wird geahndet.
...Richter:	Der Dieb findet seine Strafe.
...Geistlicher:	Schwarze Magie, erhöhte Vorsicht nötig!

EIFERSUCHT

Eifersucht	jealousy
jalousie	gelosia
ljubomora	féltékenység

Allgemein

Eifersucht entsteht aus Mangel an und Sehnsucht nach Sicherheit. Wenn Sie selbst eifersüchtig sind, tun Sie etwas für sich selbst! Ihr Partner wird Ihnen nie die Sicherheit geben, die Sie brauchen. Sollte es in Ihrer Umgebung Menschen geben, die auf Sie eifersüchtig sind, überlegen Sie, wie Sie sich schützen können. Es bringt Sie nicht weiter, wenn Sie die Gefahr ignorieren.

Liebe, Beziehung zu anderen Menschen

Gut möglich, daß Ihre Eifersucht begründet ist. Jedenfalls vergiftet sie Ihre Beziehung. Vielleicht leiden Sie auch unter einem krankhaft eifersüchtigen Partner. Ihre Freunde verdienen diesen Namen nicht, denn Sie neiden Ihnen Ihr Glück. Versuchen Sie, die Dinge ins Reine zu bringen!

Beruf, Besitz

Am Arbeitsplatz laufen Intrigen, Falschheit regiert, Mobbing ist an der Tagesordnung: Die Atmosphäre ist vergiftet. Seien Sie sehr vorsichtig! Die Menschen in Ihrer Umgebung neiden Ihnen Ihren Besitz. Oder sind Sie selbst derjenige, der sich vor Neid und Eifersucht verzehrt? Streben Sie eigene Ziele an, vergleichen Sie sich nicht mit anderen.

EIFERSUCHT in Kombination mit...

...Geliebte/Geliebter: Ihr Partner/Ihre Partnerin ist eifersüchtig.

...Heirat: Ein Geschenk macht andere eifersüchtig.

EIFERSUCHT in Kombination mit...

...Haus: Jemand neidet Ihnen Ihren Besitz.

...Falschheit: Große Gefahr durch persönliche Feindschaft. Vorsicht!

...Verdruß: Schaden durch eifersüchtige Menschen

...Feind: Eine Person wird Ihnen sehr gefährlich. Vorsicht!

...Verlust: Begründete Eifersucht

...Traurigkeit: Ihre Eifersucht macht Sie niedergeschlagen.

...Richter: Gefahr des unfairen Prozesses

...Treue: Mit Ihrer Eifersucht kränken Sie einen treuen Freund.

...Krankheit: Ihre Eifersucht macht Sie krank.

...Gedanken: Ihre Eifersucht macht Sie blind.

...Geistlicher: Überprüfen Sie den Charakter Ihres geistigen Vorbilds.

ETWAS GELD

Etwas Geld   some money
un peu d'argent   un po' di denaro
nešto novca   kevés pénz

Allgemein

Wenn Sie materielle Sorgen hatten, dürfen Sie aufatmen. Allmählich bessert sich die Lage. Kleinere Zuwendungen, Auszahlungen, Überweisungen bringen Geld ins Haus. Sie können besser wirtschaften, dadurch schon scheint sich das Geld zu vermehren. Wenn Sie jetzt zu sparen beginnen, wird Ihnen dies langfristig großer. Ertrag bringen.

Liebe, Beziehung zu anderen Menschen

Durch nahestehende Menschen fließen Ihnen immer wieder kleinere Geldbeträge zu. Nehmen Sie den Reichtum an, damit er sich nicht verflüchtigt, und seien Sie dankbar!

Beruf, Besitz

Zins- oder Mieteinkünfte, eine Gehaltserhöhung oder auch eine Versicherungsprämie bringen Ihnen Geld ins Haus. Wenn Sie Arbeit suchen, werden Sie bald eine angemessen bezahlte finden. Auch eine preisgünstige Wohnung kann jetzt angemietet werden.

ETWAS GELD in Kombination mit...

...Heirat: Ein Vertrag oder eine Ehe bringen Ihnen Wohlstand.

...Kind: Kindergeld, Erziehungsgeld

...Geld: Großer Reichtum

ETWAS GELD in Kombination mit...

...Geschenk:	Geldgeschenk oder Zuwendung
...Haus:	Preisgünstiges Haus oder Wohnung
...Reise:	Günstige Reisemöglichkeit
...Witwe/Wittwer:	Rente, Pension
...Hoffnung:	Geld in Aussicht
...Botschaft:	Eine Nachricht kündigt Geld an.
...Glück:	Kleiner Gewinn
...Brief:	Überweisung, Scheck
...Fröhlichkeit:	Gönnen Sie sich ein Vergnügen!
...Unverhoffte Freude:	Unerwartetes Geld erfreut Sie.
...Offizier:	Geld von einer Behörde
...Richter:	In einem Prozeß wird Ihnen Geld zugesprochen.
...Tod:	Geld durch einen Todesfall
...Krankheit:	Eine Krankheit verursacht einige Kosten.
...Falschheit:	Falschgeld. Vorsicht!
...Unglück:	Besitzverlust durch höhere Gewalt (Krieg, Feuer etc.)
...Verlust:	Sie verlieren einen Geldbetrag.
...Verdruß:	Geldsorgen
...Dieb:	Diebstahl
...Sehnsucht:	Sie träumen vom großen Geld.
...Traurigkeit:	Kummer aus Mangel
...Gedanken:	Geldmeditation bringt Fülle.
...Geistlicher:	Kirchensteuer, Spende für eine geistige Bewegung

FALSCHHEIT

Falschheit	falseness
perfidie	falsità
neiskrenost	hamisság

Allgemein

Irgend etwas in Ihrem Leben stimmt nicht. Sie
sollten sich bemühen, es herauszufinden. Sind Sie
nicht ehrlich mit sich, mit anderen? Gestehen Sie es
sich nicht zu, nach Ihren eigenen Bedürfnissen zu
leben? Oder schaden Sie anderen, weil Sie nicht
ehrlich und offen sind? Bemühen Sie sich um Klar-
heit. Auf lange Sicht bricht Ihre Existenz sonst zusammen wie ein Karten-
haus.

Liebe, Beziehung zu anderen Menschen

Der Partner/die Partnerin, mit dem/der Sie zusammen sind, ist nicht
der richtige für Sie! Deshalb sind weder Sie noch Ihr Partner/Ihre Partnerin ehrlich. Vielleicht sollten Sie einmal überdenken, ob eine Trennung
und ein späterer Neubeginn nicht besser wären. Auch mit den anderen
Menschen in Ihrer näheren Umgebung stimmt einiges nicht. Trennen Sie
sich von Freunden, die es nur dem Namen nach sind, und seien Sie selbst
so ehrlich wie möglich.

Beruf, Besitz

Sie sind nicht besonders zufrieden mit Ihrem Arbeitsplatz, und das ist
kein Wunder. Durch mißliche Umstände sind Sie im falschen Beruf gelan-
det. Machen Sie Pläne, wie Sie aus dieser Situation herauskommen! Mei-
den Sie Fehler am Arbeitsplatz, seien Sie sehr aufmerksam.

FALSCHHEIT in Kombination mit...

...Geliebte/Geliebter:	Ihr Partner meint es nicht ehrlich. Vorsicht!
...Liebe:	Der Mensch, den Sie lieben, nutzt Sie aus.
...Heirat:	Unglückliche Ehe
...Kind:	Ein schwieriges Kind, auch Adoptiv- oder Stiefkind
...Treue:	Ein falscher Freund
...Geschenk:	Bestechungsgabe
...Geld:	Betrug im großen Stil
...Haus:	Etwas stimmt nicht mit Ihrem Haus/Ihrer Wohnung.
...Reise:	Wechseln Sie das Reisebüro.
...Botschaft:	Klatsch, üble Nachrede
...Glück:	Fallen Sie nicht auf schöne Versprechungen herein!
...Fröhlichkeit:	Verstellung
...Besuch:	Konventionelle Lüge
...Eifersucht:	Gefahr durch persönliche Feindschaft
...Tod:	Scheintod, die Person lebt noch.
...Krankheit:	Psychisch bedingte Krankheit
...Feind:	Ein gefährlicher Feind will Ihnen schaden. Vorsicht!
...Verlust:	Lügen bringen keinen Erfolg. Auch: Falschmeldung
...Verdruß:	Ärger mit unehrlichen Menschen
...Dieb:	Schlimmer Betrüger. Vorsicht!
...Traurigkeit:	Lügen und Klatsch bekümmern Sie.
...Offizier:	Betrüger (tarnt sich als Amtsperson)

FALSCHHEIT in Kombination mit...

...Richter: Justizirrtum

...Gedanken: Neid und Lüge beherrschen Ihr Denken.

                     Auch: Irrsinn

...Geistlicher: Überprüfen Sie die geistige Gemeinschaft, die

                     Sie beeinflußt.

FEIND

Personenkarte
Negative Person, männlich oder weiblich

Allgemein

Feind	enemy
adversaire	nemico
neprijatelj	ellenség

Diese Karte hat immer eine Warnung zum Inhalt. In Ihrer näheren Umgebung befindet sich ein Feind, und Sie sollten diesen nicht unterschätzen. Wichtig ist also zunächst, daß Sie herausfinden, um wen es sich handelt. Aber Sie könnten auch sich selbst ein Feind sein: etwa durch negatives Denken oder Drogenkonsum. Stärken Sie ihre positive Energie, und seien Sie sehr wachsam.

Liebe, Beziehung zu anderen Menschen

Im Augenblick ist Ihre Beziehung zu anderen Menschen getrübt. Sie sind umgeben von Personen, die Ihnen feindlich gesinnt sind und sollten sich lieber zurückziehen. Sollten Sie gerade eine Bekanntschaft gemacht haben, die Sie interessiert, bleiben Sie zurückhaltend! Wahrscheinlich bringt Ihnen diese Person nichts Gutes.

Beruf, Besitz

Seien Sie vorsichtig, daß Sie niemand übervorteilt! Blindes Vertrauen ist hier wirklich nicht am Platz. Jemand will Ihnen das Geld aus der Tasche ziehen, und am Arbeitsplatz laufen Sie Gefahr, bestohlen oder in die Ecke gedrängt zu werden.

FEIND in Kombination mit...

...Geliebte/Geliebter:	Meiden Sie diese Beziehung!
...Heirat:	Feinde in der eigenen Familie
...Kind:	Ihr Kind wendet sich gegen Sie.
...Beständigkeit:	Feinde im Beruf
...Haus:	Der Feind ist im eigenen Haus.
...Botschaft:	In dieser Nachricht steckt eine Falle.
...Besuch:	Der Feind sucht Sie auf.
...Tod:	Feindschaft bis in den Tod (Karma)
...Krankheit:	Gefährliche Krankheit
...Unglück:	Bewaffneter Überfall, auch Krieg
...Verlust:	Ihr Feind beabsichtigt, Sie zu ruinieren.
...Verdruß:	Ihr Feind vergällt Ihnen das Leben.
...Dieb:	Ihr Feind will Sie berauben.
...Traurigkeit:	Die Feindschaft bedrückt Sie.
...Richter:	Ungerechte Staatsform, Fehlurteil
...Offizier:	Feindliche Armee oder Staatsterror
...Eifersucht:	Feindschaft aus Eifersucht
...Falschheit:	Ein heimtückischer Feind, große Gefahr!
...Gedanken:	Sie sind Ihr eigener Feind. Auch: falsches Denken
...Geistlicher:	Der schwarzen Magie ausgeliefert, große Gefahr!

Vorsicht bei allen Kombinationen!

FRÖHLICHKEIT

Fröhlichkeit merriment
gaîté   allegrezza
veselje   örvendezés

Allgemein

Eine gute Zeit steht Ihnen bevor: Feste, Bälle, etc. Alles, was Ihnen Spaß macht, kann jetzt gelingen. Gehen Sie aus sich heraus, genießen Sie die geselligen Anlässe. Aber auch allein werden Sie nicht Trübsal blasen, sondern den Tag für angenehme Beschäftigungen nutzen. Ihre gute Stimmung zieht die Glücksfälle geradezu magisch an.

Liebe, Beziehung zu anderen Menschen

Die Stimmung zwischen Ihnen und Ihrem Partner/Ihrer Partnerin ist fröhlich und herzerfrischend. Was auch immer Sie gemeinsam tun, es macht einfach Spaß. Mit Freunden oder in Ihrer Clique geht es ebenfalls hoch her. Ihre Freunde sind gern mit Ihnen zusammen, Ihre positive Einstellung steckt einfach an.

Beruf, Besitz

Sie lieben Ihren Beruf und die Arbeit geht Ihnen leicht von der Hand. Das Arbeitsklima zwischen Ihnen und Ihren Kollegen ist einfach gut. Da können die Ergebnisse nur erstklassig sein! In Ihren eigenen vier Wänden fühlen Sie sich wohl und erleben viele fröhliche Stunden.

FRÖHLICHKEIT in Kombination mit...

...Geliebte/Geliebter: Eine harmonische Partnerschaft
...Liebe: Sie verlieben sich.

FRÖHLICHKEIT in Kombination mit...

...Heirat:	Schönes Hochzeitsfest, auch: glückliche Ehe
...Kind:	Ihr Kind bereitet Ihnen viel Freude
...Haus:	Ein schönes Zuhause
...Botschaft:	Gute Nachricht
...Brief:	Einladung zu einer Festlichkeit
...Besuch:	Party oder Fest mit Freunden
...Geschenk:	Das Geschenk trifft genau Ihren Geschmack.
...Hoffnung:	Bald kommt eine gute Zeit.
...Treue:	Guter Charakter, Frohnatur,
...Reise:	Wunderbare Reise oder Ausflug
...Glück:	Alles wird gut!
...Unverhoffte Freude:	Glücksfall, Gewinn
...Etwas Geld:	Sie haben genug Geld für Vergnügungen.
...Geld:	Überfluß
...Sehnsucht:	Sie sehnen sich nach einem besseren Leben.
...Verlust:	Etwas trübt Ihre gute Laune.
...Gedanken:	Positives Denken
...Geistlicher:	Tiefe Frömmigkeit, Gottnähe

GEDANKEN

Gedanken	thought
pensée	pensiero
misao	gondolat

Personenkarte

Jüngerer Mann

Allgemein

Sie sollten Ihrem Denken mehr Aufmerksamkeit widmen. Was geht Ihnen so alles durch den Kopf? Bedenken Sie, daß Ihre Gedanken die Realität schaffen, mit der Sie sich dann auseinandersetzen müssen. Haben Sie Probleme, dann wird gründliches Nachdenken Ihnen weiterhelfen. Vielleicht beginnen Sie eine neue Ausbildung und haben einiges zu lernen.

Liebe, Beziehung zu anderen Menschen

Es ist eher eine Zeit der Selbstbesinnung. Mit menschlichen Verpflichtungen können Sie im Augenblick nicht viel anfangen. Es geht Ihnen mehr darum, Ihren Standpunkt zu finden und klar zu sehen. Kapseln Sie sich trotzdem nicht zu stark ab! Der Austausch mit anderen kann Sie auch weiterbringen.

Beruf, Besitz

Sie lernen, studieren, bilden sich fort. Nutzen Sie diese Periode. Es gibt nicht so viele Zeiten im Leben, in denen man Neues lernen kann. Wenn Sie bereits im Beruf stehen, dann als Wissenschaftler oder Gelehrter. Jedenfalls bringt Ihre Denkfähigkeit Ihnen Erfolg.

GEDANKEN in Kombination mit...

...Geliebte/Geliebter: Sie überdenken Ihre Beziehung.
...Heirat: Hochzeit geplant
...Liebe: Sie denken nur an die Liebe.
...Kind: Beschäftigen Sie sich mit Ihrem Kind!
...Geschenk: Eine gute Eingebung
...Besuch: Wer wünscht sich Ihre Gesellschaft?
...Botschaft: Nachdenken über Bücher, Filme, etc.
...Reise: Sie planen eine Reise.
...Haus: Sie wollen ein Haus bzw. Besitz.
...Treue: Feste Grundsätze
...Geld/Etwas Geld: Sie wollen mehr Geld.
...Brief: Sie wollen jemandem schreiben, jemanden anrufen, etc.
...Traurigkeit: Trübsal
...Sehnsucht: Schwärmerei
...Krankheit: Sie denken zuviel an Krankheit. Auch: krankes Denken
...Verdruß: Sie ärgern sich.
...Unglück: Lebensangst
...Verlust: Mangel an geistiger Klarheit
...Dieb: Geistiger Diebstahl. Vorsicht!
...Tod: Der Tod kündigt sich an. Auch: Todesangst
...Falschheit: Falsches Denken, Wahn
...Glück: Geistige Erkenntnis
...Geistlicher: Gebet, Meditation

GEISTLICHER

Geistlicher	ecclesiastic
pretre	sacerdote
svećenik	lelkész

Personenkarte

Nach spiritueller Erfüllung strebender Mensch,
männlich oder weiblich

Allgemein

Diese Karte weist Sie darauf hin, daß Sie dem
Religiösen oder Spirituellen mehr Raum in Ihrem
Leben geben sollten. Vielleicht ist auch im Augenblick alles bei Ihnen
dem geistigen Weg gewidmet, dann bedenken Sie, daß Sie nicht ohne
Zweck hier auf der Erde weilen. Grundsätzlich handelt es sich um eine
gute Karte. Auf allem, was Sie tun, ruht ein Segen.

Liebe, Beziehung zu anderen Menschen

Ihre Hinwendung zum anderen ist eher selbstlos und idealistisch. Sie
helfen gerne und bereitwillig und erkennen in jedem Menschen den göttlichen Funken. Sie sehnen sich mehr nach geistiger Verbundenheit wie
etwa in einem Orden als nach persönlicher Liebe.

Beruf, Besitz

In einem geistlichen Beruf werden Sie gewiß die größte Erfüllung finden. Dabei muß es sich durchaus nicht nur um den herkömmlichen Weg
der etablierten Kirchen handeln. Wo auch immer das Leben Sie hinge-
stellt hat, können Sie sich dem geistigen Streben und den Suchenden
widmen.

GEISTLICHER in Kombination mit...

...Liebe:	Mystik, Liebe zum Göttlichen
...Heirat:	Ideale Ehe oder Gemeinschaft
...Geliebte/Geliebter:	Auf dieser Beziehung ruht Segen.
...Beständigkeit:	Priester/in, Lebensberater/in, spirituelle/r Lehrer/in
...Kind:	Offen, unvoreingenommen wie ein Kind
...Haus:	In sich ruhen, auch: Kirche oder spirituelles Zentrum
...Witwe/Wittwer:	Allein den geistigen Weg gehen
...Sehnsucht:	Sich nach spirituellem Fortschritt sehnen
...Glück:	Einssein mit dem Göttlichen, Erleuchtung
...Hoffnung:	Gebet
...Treue:	Beharrliches, geistiges Streben
...Reise:	Reisen durch Zeit und Raum (Phantasie)
...Besuch:	Besuch des spirituellen Lehrers, auch: Besuch im Geiste
...Fröhlichkeit:	Im Spirituellen gereifte Persönlichkeit
...Brief:	Telepathische Mitteilung
...Botschaft:	Bücher über spirituelle, religiöse Themen
...Unverhoffte Freude:	Plötzlicher geistiger Fortschritt (Karma)
...Geschenk:	Gnade
...Krankheit:	Wahnsinn durch falschen geistigen Weg
...Tod:	Einweihung, auch Requiem
...Falschheit:	Überprüfen Sie die geistige Gemeinschaft, die Sie beeinflußt.
...Dieb:	Schwarze Magie, erhöhte Vorsicht nötig!

GEISTLICHER in Kombination mit...

...Feind:	Der schwarzen Magie ausgeliefert, große Gefahr!
...Gedanken:	Meditation

GELD

Allgemein

Diese Karte bringt Ihnen materielle Fülle. Reichtum, Gewinn, Besitz, alles kommt zu Ihnen, und zwar in üppiger Menge. Was Sie sich auch wünschen, es wird sich erfüllen, und schöner, als Sie es sich denken konnten. Freuen Sie sich, und sorgen Sie für die Zukunft!

Liebe, Beziehung zu anderen Menschen

Wenn Sie nun eine Verbindung eingehen, wird es sich vermutlich um einen wohlhabenden Partner handeln. Sie lernen jetzt viele Menschen kennen, die Ihnen materiell weiterhelfen. Sollten Sie bereits reich sein, suchen Sie Freunde, die Sie lieben, nicht ihr Geld! Teilen Sie Ihren Überfluß, es bringt Ihnen tausendfachen Segen!

Beruf, Besitz

Sie verdienen gut und verstehen es, Ihren Besitz zu mehren. Ihr Geld arbeitet gerne für Sie: Es scheint sich ständig zu verdoppeln. Was wollen Sie mehr?

GELD in Kombination mit...

...Geliebte/Geliebter: Reicher Partner

...Heirat: Reich durch Eheschließung, auch: lukrativer Vertrag

...Kind: Reich durch Kinder, auch: Kinderreichtum

GELD in Kombination mit...

...Etwas Geld:	Großer Reichtum
...Geschenk:	Großer Gewinn oder bedeutende Schenkung
...Fröhlichkeit:	Überfluß
...Brief:	Überweisung oder Scheck über eine große Summe
...Botschaft:	Bescheid über eine große Summe
...Besuch:	Das Geld kommt und geht.
...Beständigkeit:	Durch Arbeit erworbener Reichtum
...Haus:	Großer Grund- oder Immobilienbesitz
...Treue:	Das Geld bleibt Ihnen treu.
...Hoffnung:	Aussicht auf mehr Reichtum
...Glück:	Reichtum durch Gewinn oder Glücksfall
...Unverhoffte Freude:	Unerwartete Geldzuwendung
...Reise:	Geld durch eine Reise
...Offizier:	Geld von einer Behörde
...Richter:	Geld durch einen Prozeß
...Witwe/Wittwer:	Geld nach dem Tod des Partners
...Tod:	Geld durch Erbschaft
...Traurigkeit:	Reich, aber unglücklich
...Verdruß:	Ärger in finanziellen Angelegenheiten
...Eifersucht:	Jemand neidet Ihnen Ihr Geld.
...Dieb:	Gefährlicher Diebstahl droht. Vorsicht!
...Verlust:	Großer Geldverlust
...Unglück:	Geld nach einer Katastrophe (z.B. Brandversicherung)
...Falschheit:	Betrug im großen Stil
...Gedanke:	Sie wollen mehr Geld. Auch: Geldmeditation

GELIEBTE/GELIEBTER

Geliebte   sweetheart
bien-aimée   amante
ljubavnica   szerelmes nő

Personenkarte

Die fragende Person, der Partner der fragenden Person

Allgemein

Diese Karte ist in fast allen Fällen als Personenkarte des fragenden Menschen zu sehen. Das bedeutet: Sind Sie eine Frau und legen sich die Karten, dann steht die Karte Geliebte für Sie selbst. Der „Geliebte" dagegen stellt Ihren Mann oder festen Partner dar. Bei einem Mann als fragende Person ist es genau umgekehrt, der „Geliebte" ist der Fragesteller, die Karte „Geliebte" die Ehefrau oder feste Partnerin.

Geliebter   lover
amant   amante
ljubavnik   szeretö

Liebe, Beziehung zu anderen Menschen

Über die Partnerkarte erfahren Sie etwas über den Menschen, mit dem Sie zusammenleben.

Beruf, Besitz

Wird durch diese Personenkarte nicht dargestellt.

GELIEBTE/R (= fragende Person) in Kombination mit...

...Liebe:	Sie lieben Ihren Partner aufrichtig. („Die Große Liebe")
...Fröhlichkeit:	Sie sind ein harmonischer Partner.
...Heirat:	Hochzeit oder Ehe mit Ihrem Partner
...Glück:	Dieser Partner bringt Ihnen großes Glück.
...Hoffnung:	Sie erhoffen sich viel von Ihrem Partner.
...Reise:	Reise mit dem Partner, Hochzeitsreise
...Unverhoffte Freude:	Sie haben eine freudige Überraschung für Ihren Partner.
...Besuch:	Verabredung mit dem Partner
...Haus:	Sie haben eine gemeinsame Wohnung mit Ihrem Partner.
...Treue:	Sie sind ein treuer Partner.
...Etwas Geld:	Ehe ohne Geldsorgen
...Geschenk:	Sie beschenken Ihren Partner.
...Sehnsucht:	Sie sehnen sich nach Ihrem Partner.
...Beständigkeit:	Sie sind ein zuverlässiger Partner.
...Brief:	Sie schicken Ihrem Partner eine Nachricht.
...Geld:	Ihr Partner wird Sie reich machen.
...Botschaft:	Sie erfahren etwas über Ihren Partner.
...Kind:	Sie haben oder wünschen sich Kinder von Ihrem Partner
...Traurigkeit:	Ihr Partner macht Ihnen Kummer.
...Eifersucht:	Sie sind eifersüchtig.
...Dieb:	Ihr Partner raubt Ihnen Ihre Lebensenergie.
...Verdruß:	Streit, Ärger mit dem Partner
...Verlust:	Sie könnten Ihren Partner verlieren.

GELIEBTE/R (= fragende Person) in Kombination mit...

...Feind:	Meiden Sie diese Beziehung!
...Falschheit:	Ihr Partner meint es nicht ehrlich, Vorsicht!
...Gedanken:	Sie überdenken Ihre Beziehung.
...Geistlicher:	Auf Ihrer Beziehung ruht Segen

GELIEBTE/R (= Partner) in Kombination mit...

...Liebe:	Ihr Partner liebt Sie aufrichtig. („Die Große Liebe")
...Fröhlichkeit:	Sie haben einen harmonischen Partner.
...Heirat:	Hochzeit oder Ehe mit dem Partner
...Glück:	Sie bringen Ihrem Partner großes Glück.
...Hoffnung:	Ihr Partner erhofft viel von Ihnen
...Reise:	Reise mit dem Partner, Hochzeitsreise
...Unverhoffte Freude:	Ihr Partner bereitet Ihnen eine freudige Überraschung.
...Besuch:	Ihr Partner verabredet sich mit Ihnen.
...Haus:	Gemeinsame Wohnung mit dem Partner
...Treue:	Sie haben einen treuen Partner.
...Etwas Geld:	Ehe ohne Geldsorgen
...Geschenk:	Ihr Partner beschenkt Sie.
...Sehnsucht:	Ihr Partner sehnt sich nach Ihnen.
...Beständigkeit:	Sie haben einen zuverlässigen Partner.
...Brief:	Ihr Partner schickt Ihnen eine Nachricht.
...Geld:	Sie machen Ihren Partner reich.
...Botschaft:	Ihr Partner erfährt etwas über Sie.
...Kind:	Ihr Partner hat oder wünscht sich Kinder vor Ihnen.

GELIEBTE/R (= Partner) in Kombination mit...

...Offizier:	Ihr Partner arbeitet bei einer Behörde.
...Richter:	Ihr Partner übt einen juristischen Beruf aus.
...Witwe/Wittwer:	Ihr Partner ist verwitwet oder geschieden.
...Krankheit:	Ihr Partner ist krank.
...Tod:	Ihr Partner ist verstorben.
...Traurigkeit:	Sie machen Ihrem Partner Kummer.
...Eifersucht:	Ihr Partner ist eifersüchtig.
...Dieb:	Sie rauben Ihrem Partner die Lebensenergie.
...Verdruß:	Streit, Ärger mit dem Partner
...Verlust:	Ihr Partner wird Sie verlieren.
...Falschheit:	Sie meinen es nicht ehrlich mit Ihrem Partner.
...Gedanken:	Ihr Partner überdenkt die Beziehung.

GESCHENK

Allgemein

Die Karte Geschenk zeigt Ihnen, daß schöne Dinge und Ereignisse Ihrer harren. Das wirklich Bereichernde dabei ist, daß Sie nichts dafür tun müssen, es handelt sich eben um Geschenke. Tatsächlich können auch negative Ereignisse wie etwa eine Krankheit oder eine Trennung sich wie Geschenke auswirken, weil Altes, das nicht mehr ins Leben paßt, dadurch losgelassen wird.

Liebe, Beziehung zu anderen Menschen

Sie fühlen sich reich beschenkt durch Ihre Partnerschaft und Ihre Freunde. Vergessen Sie nicht, Ihre Lieben hin und wieder mit kleinen Aufmerksamkeiten zu erfreuen.

Beruf, Besitz

Um Geld und Gut brauchen Sie sich nicht zu sorgen: Es fließt Ihnen zu, wird geschenkt. Auch in Ihrem Beruf sind Sie glücklich, denn es ist genau die Tätigkeit, die Sie lieben und die Sie bereichert.

GESCHENK in Kombination mit...

...Geliebte/Geliebter: Ihr Partner ist ein Geschenk für Sie.
...Liebe: Ihnen wird viel Liebe geschenkt.
...Heirat: Diese Beziehung ist ein Geschenk für Sie.
...Kind: Ihre Kinder sind ein Geschenk für Sie.

GESCHENK in Kombination mit...

...Glück:	Das Glück fliegt Ihnen zu.
...Hoffnung:	Etwas schenkt Ihnen Hoffnung.
...Reise:	Einladung zu einer kostenlosen Reise
...Treue:	Sie haben gute Freunde.
...Unverhoffte Freude:	Ein unerwartetes Geschenk macht Sie glücklich.
...Etwas Geld:	Geldgeschenk oder Zuwendung
...Geld:	Großer Gewinn oder bedeutende Schenkung
...Fröhlichkeit:	Ein Geschenk trifft genau Ihren Geschmack.
...Brief:	Eine Nachricht wie ein Geschenk, Buchgeschenk
...Botschaft:	Die Information ist ein Geschenk für Sie.
...Beständigkeit:	Liebe zur Arbeit, Berufung, Ausdauer angeboren
...Besuch:	Ein willkommener Besuch, auch Gastgeschenk
...Haus:	Haus- oder Immobiliengeschenk bzw. Erbschaft
...Sehnsucht:	Ihr Streben bringt Sie vorwärts.
...Eifersucht:	Ein Geschenk macht andere eifersüchtig.
...Krankheit:	Die Krankheit dient Ihrer geistigen Entwicklung.
...Verlust:	Dieser Verlust ist ein Gewinn.
...Dieb:	Jemand betrügt Sie um ein Geschenk/eine Erbschaft.
...Feind:	Ihr Feind hilft Ihnen unwillentlich.
...Falschheit:	Dieses Geschenk sollten Sie ablehnen (Bestechung).

GESCHENK in Kombination mit...

...Gedanke: Eine gute Eingebung

...Geistlicher: Gnade

GLÜCK

Glück   fortune
bonheur   fortuna
sreća   szerencse

Allgemein

Hier gibt es nicht viel zu erklären: Die Glücks-
karte ist eine sehr positive Karte. Was Sie tun oder
erhalten, bringt Ihnen Glück. Freuen Sie sich!

Liebe, Beziehung zu anderen Menschen

Diese Partnerschaft bringt Ihnen das Lebensglück. Auch in der Familie und im Freundeskreis finden Sie reiche Erfüllung.

Beruf, Besitz

Sie werden in Ihrem Traumberuf arbeiten. Ihr Besitz vermehrt sich
durch häufige Glücksfälle.

GLÜCK in Kombination mit...

...Geschenk:	Das Glück fliegt Ihnen zu.
...Geliebte/Geliebter:	Dieser Mensch ist Ihr Glück.
...Liebe:	Liebesglück
...Heirat:	Glückliche Ehe
...Kind:	Ihre Kinder machen Sie glücklich.
...Etwas Geld:	Glück in Geldangelegenheiten, Gewinn
...Geld:	Reichtum durch Gewinn oder Glücksfall
...Fröhlichkeit:	Alles wird gut!
...Unverhoffte Freude:	Plötzliches Glück
...Hoffnung:	Bald wird alles gut.

GLÜCK in Kombination mit...

...Brief:	Ein Schriftstück bringt Glück.
...Botschaft:	Eine sehr gute Nachricht
...Besuch:	Ein Besuch macht Sie glücklich.
...Reise:	Glückliche Reise
...Haus:	Ihr Haus macht Sie glücklich.
...Treue:	Das Glück bleibt Ihnen treu.
...Beständigkeit:	Ihre Arbeit macht Sie glücklich. Auch: Berufung
...Sehnsucht:	Sie sehnen sich nach Glück.
...Traurigkeit:	Sie können sich nicht freuen.
...Falschheit:	Der Schein trügt!
...Gedanken:	Geistige Erkenntnis
...Geistlicher:	Einssein mit dem Göttlichen, Erleuchtung

HAUS

Haus   house
maison   casa
kuća   ház

Allgemein

Sie fühlen sich seelisch stabil, Ihr Leben spielt sich auf einem festen Fundament ab. Im Grunde kann Sie nichts so leicht erschüttern. Sie müssen nur darauf achten, nicht starr und unbeweglich zu werden: Alles kann sich ändern, und das ist meistens positiv!

Liebe, Beziehung zu anderen Menschen

Sie können auf gesunde und starke Familienbande bauen. Wenn Sie in einer Ehe leben, ist es eine sichere, vertrauensvolle Beziehung, nicht gerade leidenschaftlich, aber sehr zuverlässig. Durch Ihre Charakterfestigkeit sind Sie ein ruhender Pol in der Gemeinschaft.

Beruf, Besitz

Haus- und Grundbesitz sind Ihnen wichtig. Wahrscheinlich werden Sie solchen auch erwerben. Aber auch im kleinsten Zimmer würden Sie sich ein gemütliches Zuhause schaffen. Beruflich haben Sie eine sichere Position.

HAUS in Kombination mit...

...Geliebte/Geliebter:	Gemeinsame Wohnung mit dem Partner
...Liebe:	Ein liebevolles Zuhause
...Heirat:	Hausbesitz durch Ehe
...Glück:	Ihr Haus macht Sie glücklich.
...Fröhlichkeit:	Ein schönes Zuhause
...Geschenk:	Haus- oder Immobiliengeschenk bzw. Erbschaft

HAUS in Kombination mit...

...Kind:	Kinderreiches oder kindgerechtes Haus, auch: neues Haus
...Treue:	Bodenständig, immer am selben Ort
...Geld:	Großer Grund- oder Immobilienbesitz
...Etwas Geld:	Preisgünstige/s Haus/Wohnung
...Brief:	Hauskauf, Mietvertrag
...Botschaft:	Schriftstücke, Informationen über ein Gebäude
...Besuch:	Viel Bewegung im Haus durch Gäste
...Beständigkeit:	Haus- od. Landwirtschaft, Bau, Immobilien
...Hoffnung:	Bald werden Sie zu Besitz kommen.
...Reise:	Ferien- oder Wochenendhaus
...Sehnsucht:	Heimweh
...Traurigkeit:	Trauriges Zuhause
...Eifersucht:	Jemand neidet Ihnen Ihren Besitz.
...Verdruß:	Viel Ärger und Streit zu Hause
...Falschheit:	Etwas stimmt nicht mit Ihrem Haus/Ihrer Wohnung.
...Krankheit:	Krankenhaus. Ein Gebäude macht krank.
...Witwe/Wittwer:	Haus vom Partner geerbt
...Tod:	Todesfall in der näheren Umgebung möglich
...Verlust:	Sie könnten Ihr Heim verlieren.
...Dieb:	Einbruch. Vorsicht!
...Feind:	Der Feind ist im eigenen Haus.
...Unglück:	Zerstörung durch Krieg oder Katastrophe
...Gedanke:	Sie wollen ein Haus bzw. zu Besitz kommen.
...Geistlicher:	In sich ruhen, auch: Kirche oder spirituelles Zentrum

HEIRAT

Heirat	marriage
mariage	nozze
svadba	házasság

Allgemein

Sie werden eine Verbindung eingehen, die durchaus auch nach außen hin als solche erkennbar wird. Gemeinsam mit einem Partner können Sie erfolgreich sein. In der Gemeinschaft wirken, ohne die eigenständige Persönlichkeit aufzugeben, ist also die Herausforderung der Zeit.

Liebe, Beziehung zu anderen Menschen

Mit dem jetzigen Partner gehen Sie eine feste Gemeinschaft ein. Das kann durch eine Eheschließung geschehen wie auch durch das Zusammenlegen der Haushalte. Gehen Sie mit dieser Chance sorgfältig um: So oft trifft man keinen Menschen, der sich fürs ganze Leben eignet!

Beruf, Besitz

Eine Geschäftsfusion, ein Vertrag zeichnet sich ab. Gemeinsam mit einem Partner können Sie mehr erreichen. Das könnte auch Teamarbeit betreffen oder die Mitarbeit in einem Familienbetrieb.

HEIRAT in Kombination mit...

...Geliebte/Geliebter:	Hochzeit oder Ehe mit Ihrem Partner
...Liebe:	Hochzeit mit Ihrer großen Liebe
...Glück:	Glückliche Ehe
...Treue:	Lange, stabile Beziehung oder Ehe
...Unverhoffte Freude:	Unerwartete Ehe

HEIRAT in Kombination mit...

...Fröhlichkeit:	Schönes Hochzeitsfest, auch: glückliche Ehe
...Witwe/Wittwer:	Hochzeit mit verwitwetem od. geschiedenem Partner
...Geschenk:	Diese Beziehung ist ein Geschenk für Sie.
...Reise:	Hochzeitsreise, Geschäftsreise mit Vertragsabschluß
...Etwas Geld:	Ein Vertrag oder eine Ehe bringen Ihnen Wohlstand.
...Geld:	Reich durch Eheschließung oder lukrativen Vertrag
...Haus:	Hausbesitz durch Ehe
...Richter:	Standesamtliche Trauung
...Beständigkeit:	Arbeitsvertrag, neue Geschäftsverbindung
...Brief:	Einladung zur Hochzeit, Vertragsunterzeichnung
...Botschaft:	Aufgebot
...Hoffnung:	Hochzeit in Aussicht
...Kind:	Hochzeit und Kindersegen
...Sehnsucht:	Sie sehnen sich danach zu heiraten.
...Traurigkeit:	Unglückliche Ehe
...Eifersucht:	Ihre Beziehung wird von anderen zerstört. Vorsicht!
...Verdruß:	Diese Heirat bringt nur Ärger.
...Falschheit:	Unglückliche Ehe
...Verlust:	Ehe nur auf dem Papier
...Dieb:	Ein Vertrag kann Sie ruinieren. Vorsicht!
...Feind:	Feinde in der eigenen Familie

HEIRAT in Kombination mit...

...Tod: Ende der Ehe durch Tod od. Scheidung

...Geistlicher: Ideale Ehe oder Gemeinschaft

...Gedanken: Hochzeit geplant

HOFFNUNG

Hoffnung	hope
espérance	speranza
nada	remény

Personenkarte
Positive Frau

Allgemein
Natürlich beschreibt diese Karte alles, was Sie sich erhoffen. Aber auch das, was in Aussicht steht und bald eintreffen wird, wird damit erfaßt. Es handelt sich um ein grundsätzlich positives Bild, das eine Verbesserung der Lage ankündigt.

Liebe, Beziehung zu anderen Menschen
Wenn Ihr Gefühlsleben Sie im Augenblick nicht so zufriedenstellt, wird sich das bald zum Positiven hin verändern. Sie sind offen für neue Erfahrungen. Aber tun Sie auch etwas dafür, und warten Sie nicht allein im stillen Kämmerlein, bis die Verbesserung eintritt.

Beruf, Besitz
In Verbindung mit dem Berufsleben kündigt die Hoffnung eine große, einschneidende Veränderung an, die aber mit Sicherheit gut ist und Sie vorwärtsbringt. Vielleicht werden Sie eine sehr weite Reise unternehmen, die Ihnen den Erfolg bringt, vielleicht wandern Sie aus beruflichen Gründen aus.

HOFFNUNG in Kombination mit...

...Geliebte/Geliebter:	Sie setzen große Hoffnung in diesen Partner.
...Liebe:	Bald lernen Sie die große Liebe kennen.
...Heirat:	Hochzeit in Aussicht
...Kind:	Schwangerschaft
...Glück:	Bald wird alles gut.
...Fröhlichkeit:	Bald kommt eine gute Zeit.
...Unverhoffte Freude:	Eine fast unmögliche Hoffnung erfüllt sich.
...Treue:	Eine lang andauernde gute Zeit kommt.
...Besuch:	Ein freudiges Wiedersehen kündigt sich an.
...Haus:	Bald werden Sie zu Besitz kommen.
...Geschenk:	Etwas schenkt Ihnen Hoffnung.
...Etwas Geld:	Geld in Aussicht
...Geld:	Aussicht auf mehr Reichtum
...Brief:	Die erhoffte Nachricht trifft ein.
...Botschaft:	Eine Nachricht bringt Hoffnung.
...Reise:	Auswandern, bessere Zukunft in der Ferne
...Beständigkeit:	Bald finden Sie Arbeit.
...Sehnsucht:	Sie schwelgen zuviel in Gefühlen.
...Traurigkeit:	Niedergeschlagenheit
...Krankheit:	Sie werden wieder gesund.
...Tod:	Lenken Sie Ihr Hoffen in eine andere Richtung, diese ist eine Sackgasse!
...Gedanken:	Meditation, positiv denken
...Geistlicher:	Gebet

KIND

Kind	baby
bébé	bambino
dijete	gyermek

Personenkarte

Kind, Jugendlicher, junger oder unreifer Mensch

Allgemein

Diese Karte ermuntert Sie, wieder kindlich und unvoreingenommen an das Leben heranzugehen. Jede Art Neubeginn in der Lebensführung wird nun von Freude und Erfolg gekrönt sein.

Liebe, Beziehung zu anderen Menschen

Die Karte steht für ein Kind oder auch für mehrere Kinder. Wahrscheinlich wäre es gut, die Beziehung zu Ihrem Kind/ Ihren Kindern zu intensivieren. Wie kurz ist die Kindheit und wie prägend! Sie sollten sehr viel Zeit mit ihm/ ihnen verbringen! Verringern Sie statt dessen eher die Zahl materieller Geschenke, sie wiegen ohnehin keine unterlassene Zuwendung auf.

Beruf, Besitz

Auch im Berufsleben sollten Sie Kindern den Vorrang geben. Das bedeutet, wenn Sie nicht gerade einen pädagogischen Beruf ausüben, weniger Zeit für die Karriere und mehr für die Familie aufwenden! Es könnte aber auch ein beruflicher Neuanfang angedeutet werden.

KIND in Kombination mit...

...Geliebte/Geliebter:	Kind/er von Ihrem Partner
...Liebe:	Innige Beziehung zu Ihrem Kind/Ihren Kindern
...Treue:	Stabile Beziehung zu Ihrem Kind/Ihren Kindern
...Heirat:	Kindersegen innerhalb einer Ehe
...Glück:	Ihre Kinder machen Sie glücklich.
...Hoffnung:	Schwangerschaft
...Unverhoffte Freude:	Sehnlichst erwartete Schwangerschaft
...Fröhlichkeit:	Ihre Kinder bereiten Ihnen viel Freude.
...Geschenk:	Ihre Kinder sind ein Geschenk für Sie.
...Haus:	Kinderreiches oder kindgerechtes Haus, auch: neues Haus
...Besuch:	Kinderfest, Besuch für Ihr Kind/Ihre Kinder
...Beständigkeit:	Pädagogischer Beruf, beruflicher Neuanfang
...Geld:	Reich durch Kinder, auch: Kinderreichtum
...Etwas Geld:	Kindergeld, Erziehungsgeld
...Brief:	Geburtsanzeige, gute Nachrichten von Ihrem Kind/Ihren Kindern
...Botschaft:	Sie hören von Ihrem Kind/Ihren Kindern.
...Krankheit:	Krankes Kind, Kinderkrankheit
...Eifersucht:	Ihre Kinder brauchen Zuwendung.
...Verdruß:	Ärger mit Ihrem Kind/Ihren Kindern
...Verlust:	Drohende Fehlgeburt
...Feind:	Ihre Kinder wenden sich gegen Sie.
...Falschheit:	Ein schwieriges Kind, auch: Adoptiv- oder Stiefkind

KIND in Kombination mit...

...Dieb: Kindesentführung. Vorsicht!
...Unglück: Ihre Kinder schweben in Gefahr.
...Tod: Ihre Kinder gehen fort.
...Gedanke: Beschäftigen Sie sich mit Ihrem Kind/Ihren
                    Kincern.
...Geistlicher: Offen, unvoreingenommen wie ein Kind

KRANKHEIT

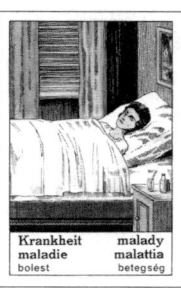

Krankheit	**malady**
maladie	**malattia**
bolest	betegség

Allgemein

Etwas in Ihrem Leben ist aus der Ordnung geraten. Das kann sich in gesundheitlichen Problemen äußern wie auch in seelischen Beschwerden. Versuchen Sie, die Ursachen herauszufinden und dann die Störfaktoren auszuräumen. Schieben Sie nichts mehr auf die lange Bank, und suchen Sie Hilfe bei guten Ärzten, Heilpraktikern oder Therapeuten.

Liebe, Beziehung zu anderen Menschen

Prüfen Sie, ob es vielleicht Ihre Partnerschaft ist, die krank ist und Sie krank macht. Läßt sich da noch etwas ändern, oder wäre eine Trennung der bessere Weg? Generell ist dies eher eine Phase der Selbstbesinnung. Denken Sie mehr an sich!

Beruf, Besitz

Gesundheit ist das kostbarste Gut. Widmen Sie der Erhaltung und Wiederherstellung der Gesundheit jede erdenkliche Aufmerksamkeit. Überprüfen Sie, ob die Bedingungen am Arbeitsplatz sie krank machen.

KRANKHEIT in Kombination mit...

...Geliebte/Geliebter:	Ihr Partner ist krank.
...Liebe:	Egoismus, sexuelle Probleme
...Kind:	Krankes Kind, Kinderkrankheit
...Heirat:	Ihre Ehe ist in Gefahr, sie macht Sie krank.

KRANKHEIT in Kombination mit...

...Hoffnung: Sie werden wieder gesund.
...Verlust: Genesung nach schwerer Krankheit
...Treue: Chronische Krankheit
...Haus: Krankenhaus. Ein Gebäude macht Sie krank.
...Etwas Geld: Eine Krankheit verursacht einige Kosten.
...Brief: Guter Untersuchungsbefund
...Botschaft: Was ist die Ursache Ihrer Krankheit?
...Beständigkeit: Arbeit im Gesundheitswesen, auch: Arzt
...Besuch: Krankenbesuch
...Reise: Kur, Erholungsreise
...Verdruß: Krank vor Ärger
...Traurigkeit: Depression, krank vor Kummer
...Eifersucht: Ihre Eifersucht macht Sie krank.
...Dieb: Ihre Lebensgewohnheiten machen Sie krank.
...Falschheit: Psychisch bedingte Krankheit
...Feind: Gefährliche Krankheit
...Unglück: Krank oder verletzt durch Unfall bzw. Katastrophe
...Tod: Schwere Krankheit, die nur durch Medi-tation oder Gebet geheilt werden kann.
...Gedanke: Sie denken zuviel an Krankheit. Auch: krankes Denken
...Geistlicher: Wahnsinn durch falschen geistigen Weg

LIEBE

Liebe   love
amour   amore
ljubav   szerelem

Allgemein

Eine sehr gefühlsbetonte Zeit kündigt sich an. Achten Sie auf Liebesbeweise aus Ihrer nächsten Umgebung und verschenken Sie selbst verschwenderisch jene kleinen Aufmerksamkeiten, die das Herz erfreuen.

Liebe, Beziehung zu anderen Menschen

Eine neue Liebe kündigt sich an. Auch in Ihren Freundschaften läuft alles aufs allerbeste. Verlieren Sie nicht ganz den Kopf, wenn die Pfeile Amors Sie treffen!

Beruf, Besitz

Sie lieben all die Dinge, die Sie umgeben, dadurch erstrahlt Ihr Besitz, und sei er noch so klein, in reichem Glanz. Wahrscheinlich lieben Sie auch Ihren Beruf. Sonst wäre es eine gute Zeit, den Traumberuf zu finden!

LIEBE in Kombination mit...

...Geliebte/Geliebter: „Die Große Liebe"
...Glück: Liebesglück
...Heirat: Liebesheirat, glückliche Ehe
...Kind: Innige Beziehung zu Ihrem Kind/Ihren Kindern
...Fröhlichkeit: Sie verlieben sich.

LIEBE in Kombination mit...

...Hoffnung:	Bald lernen Sie „Die Große Liebe" kennen.
...Unverhoffte Freude:	Ihnen widerfährt die Liebe unverhofft.
...Besuch:	Eine neue Liebe
...Treue:	Liebe über den Tod hinaus
...Brief:	Sie erhalten die Gewißheit, daß Sie geliebt werden.
...Botschaft:	Ein Hinweis zu Ihrer Liebe
...Haus.	Ein liebevolles Zuhause
...Geschenk:	Ihnen wird viel Liebe geschenkt.
...Reise:	Mit viel Reisen verbundene Liebe
...Beständigkeit:	Ruhige, gleichmäßige Liebe
...Sehnsucht:	Ihre Liebe ist schwer erreichbar.
...Traurigkeit:	Liebeskummer
...Eifersucht:	Zu besitzergreifende Liebe
...Verlust:	Vom Leben enttäuscht, verbittert
...Krankheit:	Egoismus, sexuelle Probleme
...Falschheit:	Der Mensch, den Sie lieben, nutzt Sie aus.
...Dieb:	Sie könnten Ihre Liebe verlieren.
...Feind:	„Liebe deine Feinde,"...
...Tod:	Die Liebe droht zu erlöschen.
...Gedanken:	Sie denken nur an die Liebe.
...Geistlicher:	Mystik, Liebe zum Göttlichen

OFFIZIER

Offizier	officer
officier	ufficiale
oficir	katonatiszt

Personenkarte

Mann mit Macht oder Einfluß, uniformierter Mann

Allgemein

In der nächsten Zeit werden Sie sich mit Behörden auseinandersetzen müssen. Das ist nicht zwangsläufig negativ. Immerhin wird dabei schon ein gewisser Zwang ausgeübt, denn alles soll ja seine Ordnung haben. Aber es könnten auch Erleichterungen von Behörden auf Sie zukommen: Versicherungsgelder oder andere Zuwendungen.

Liebe, Beziehung zu anderen Menschen

Sie werden einen Mann kennenlernen, der Ihr Leben nachhaltig beeinflussen wird. Möglicherweise handelt es sich, bei einer Fragestellerin, auch um den heimlich geliebten Mann. Ansonsten könnte auch eine Begegnung mit einem uniformierten Mann stattfinden.

Beruf, Besitz

Der Offizier steht für die Tätigkeit bei einer Behörde und alle Berufe, die eine spezielle Arbeitskleidung nötig machen. Das sind allerdings sehr viele! Der Besitz könnte sich durch Zahlungen von beispielsweise einem Amt vermehren.

OFFIZIER in Kombination mit...

...Geliebte/Geliebter:	Begegnung mit einem für Sie wichtigen Mann.
...Liebe:	Liebhaber
...Heirat:	Standesamt, auch Ehe mit Uniformiertem
...Kind:	Jugendamt
...Haus:	Wohnungsamt, Sozialwohnung
...Krankheit:	Krankenversicherung, Gesundheitsamt
...Geld:	Finanzamt
...Besuch:	Behördengang
...Etwas Geld:	Kleine Zahlung von einer Behörde
...Geld:	Geld von einer Behörde
...Geschenk:	Einmalige Zuwendung von einem Amt
...Hoffnung:	Einem Antrag wird zugestimmt. Auch: Auswanderungsbehörde
...Glück:	Bei Amt oder Behörde läuft alles bestens.
...Beständigkeit:	Beruf mit Uniform, z.B. Polizist, Briefträger, Schaffner etc.
...Brief:	Ein positiver Behördenbescheid
...Botschaft:	Behördennachricht
...Verdruß:	Ärger mit einer Behörde
...Feind:	Feindliche Armee oder Staatsterror
...Falschheit:	Betrüger (tarnt sich als Amtsperson)
...Dieb:	Der Diebstahl wird geahndet.
...Unglück:	Unglück, das einen ganzen Staat betrifft.
...Gedanken:	Sie sollten sich mehr um einen Freund kümmern.
...Geistlicher:	Kirchlicher Würdenträger, Staatskirche

REISE

Allgemein

In Ihr Leben kommt Bewegung, und zwar nachhaltiger Art. Freuen Sie sich auf die Veränderungen! Auch körperlich werden Sie sich viel bewegen. Entweder Sie treiben viel Sport, oder Sie werden viel reisen, mit Auto, Schiff oder Flugzeug.

Reise	journey
voyage	viaggio
putovanje	útazás

Liebe, Beziehung zu anderen Menschen

Die Veränderungen bringen auch neue Kontakte. Wenn die Reise Sie nicht zu geliebten Menschen hinführt, dann werden Sie sicherlich interessante Leute kennenlernen.

Beruf, Besitz

In Ihrem Beruf müssen Sie viel unterwegs sein. Das heißt nicht, daß Sie nur in der Reisebranche tätig sind. Schließlich hat man auch als Ingenieur oder Vertreter viel zu fahren. Wenn Sie Arbeit oder eine neue Wohnung suchen, seien Sie flexibler! Sie können auch fern Ihres jetzigen Wohnortes neu anfangen.

REISE in Kombination mit...

...Geliebte/Geliebter: Reise mit dem Partner, Hochzeitsreise
...Liebe: Mit viel Reisen verbundene Liebe
...Heirat: Hochzeitsreise, Geschäftsreise mit Vertragsabschluß
...Glück: Glückliche Reise

90

REISE in Kombination mit...

...Kind:	Reise zu oder mit Ihrem Kind/Ihren Kindern, Kinderferien
...Fröhlichkeit:	Wunderbare/r Reise/Ausflug
...Geschenk:	Einladung zu einer kostenlosen Reise
...Geld:	Geld durch eine Reise
...Etwas Geld:	Günstige Reisemöglichkeit
...Brief:	Einladung zu einer Reise
...Botschaft:	Reiseunterlagen
...Hoffnung:	Auswandern, bessere Zukunft in der Ferne
...Sehnsucht:	Fernweh
...Haus:	Ferien- oder Wochenendhaus
...Beständigkeit:	Arbeit im Reisebüro, viele Geschäftsreisen, auch: Taxi
...Verdruß:	Die Reise bringt nur Ärger.
...Verlust:	Die Reise bringt nichts Gutes.
...Dieb:	Schließen Sie Wertsachen im Hotelsafe ein!
...Krankheit:	Kur, Erholungsreise
...Falschheit:	Wechseln Sie das Reisebüro!
...Unglück:	Besser nicht verreisen, Gefahr!
...Tod:	Reise ohne Wiederkehr, Gefahr!
...Gedanke:	Sie planen eine Reise.
...Geistlicher:	Reisen durch Zeit und Raum (Phantasie)

RICHTER

Richter judge
juge giudice
sudac biró

Personenkarte

Mann mit juristischer Tätigkeit, auch Staatsmann, gerechter Mann

Allgemein

In einem gerichtlichen Verfahren wird Ihnen Gerechtigkeit widerfahren. Es hängt natürlich von den Umständen ab, ob dies angenehm für Sie ist. Auch ohne juristische Vorgänge können Sie damit rechnen, daß Ihnen Gerechtigkeit widerfährt, wenn Sie bisher das Gefühl hatten, benachteiligt zu werden.

Liebe, Beziehung zu anderen Menschen

Sie sollten sich fragen, ob Sie sich gegenüber den Menschen in Ihrer Umgebung gerecht verhalten. Bevorzugen Sie eines Ihrer Kinder und vernachlässigen ein anderes? Sind Sie Ihrem Partner gegenüber gerecht oder urteilen Sie ständig über das, was andere tun? Es wäre gut, sich zu beobachten und gegebenenfalls zu ändern.

Beruf, Besitz

Fragen des Besitzstandes finden juristische Klärung. Berufliche Möglichkeiten in allen Bereichen, die mit dem Rechtswesen zu tun haben.

RICHTER in Kombination mit...

...Heirat: Standesamtliche Trauung
...Kind: Sorgerecht, Adoption

RICHTER in Kombination mit...

...Treue:	Sehr guter Charakter
...Glück:	Ein Prozeß bringt Ihnen Glück.
...Liebe:	Den Menschen Gerechtigkeit widerfahren lassen
...Hoffnung:	Guter Ausgang des Prozesses wahrscheinlich
...Haus:	Juristische Angelegenheiten um das Haus
...Besuch:	Zum Gericht gehen
...Beständigkeit:	Juristische Tätigkeit, auch: Gericht
...Offizier:	Staatsmann, Politiker
...Etwas Geld:	In einem Prozeß wird Ihnen Geld zugesprochen.
...Geld:	Geld durch einen Prozeß
...Brief:	Ein positives Urteil oder juristisches Dokument
...Botschaft:	Juristische Dokumente
...Witwe/Wittwer:	Scheidung
...Sehnsucht:	Sich nach Gerechtigkeit sehnen
...Verdruß:	Ärger mit juristischen Angelegenheiten
...Verlust:	Einen Prozeß verlieren
...Dieb:	Der Dieb erhält seine Strafe.
...Eifersucht:	Gefahr des unfairen Prozesses
...Feind:	Ungerechte Staatsform, Fehlurteil
...Falschheit:	Justizirrtum
...Tod:	Gerechtigkeit erst nach dem Tod, Gefahr!
...Gedanken:	Gerecht und richtig denken
...Geistlicher:	Göttliche Gerechtigkeit

SEHNSUCHT

Allgemein

Diese Karte ruft Sie dazu auf, sich Ihrer Wünsche bewußt zu werden. Wenn Sie deren Umset-
zung dann zielstrebig in die Wege leiten, wandelt
sich Ihre Sehnsucht zum Antriebsmotor. Sie erwarten etwas Positives, und Sie können es auch erhalten!

Sehnsucht	desire
désir	bramosia
čežnja	vágy

Liebe, Beziehung zu anderen Menschen

Sie sehnen sich nach mehr Erfüllung in der Liebe – tun Sie doch selbst
den ersten Schritt dazu! Sie brauchen nicht auf die Initiative anderer zu
warten. Beleben Sie Ihre Kontakte, und gehen Sie auf Freunde zu. Vielleicht wartet Ihr Herzenspartner nur auf ein Zeichen von Ihnen!

Beruf, Besitz

Sie befinden sich in einer Phase der Neuorientierung. Vielleicht suchen Sie einen Beruf, der Sie wirklich erfüllt, oder Sie streben nach mehr
Reichtum. Sie können alles erreichen, wenn Sie sich nur auf den Weg
machen!

SEHNSUCHT in Kombination mit...

...Geliebte/Geliebter: Sich nach dem Partner sehnen
...Liebe: Ihre Liebe ist schwer erreichbar.
...Heirat: Sie sehnen sich danach zu heiraten.
...Kind: Kinderwunsch

94

SEHNSUCHT in Kombination mit...

...Geschenk:	Ihr Streben bringt Sie vorwärts.
...Fröhlichkeit:	Bedürfnis nach Gesellschaft
...Glück:	Sie sehnen sich nach Glück.
...Botschaft:	Bildung oder Wissen anstreben
...Brief:	Eine gute Nachricht ersehnen
...Etwas Geld:	Sie träumen von Geld.
...Geld:	Das ganze Streben ist auf Geld gerichtet.
...Beständigkeit:	Die Lebensaufgabe suchen
...Reise:	Fernweh
...Besuch:	Einsamkeit
...Hoffnung:	Sie schwelgen zuviel in Gefühlen.
...Haus:	Heimweh
...Richter:	Sich nach Gerechtigkeit sehnen
...Traurigkeit:	Kein klares Lebensziel
...Krankheit:	Psychisch krank
...Verlust:	Kein Lebenswille
...Tod:	Lebensmüde
...Gedanken:	Über seine Ziele nachdenken
...Geistlicher:	Sich nach spirituellem Fortschritt sehnen

TOD

Allgemein

Der Tod kündigt eine Veränderung im Leben an, aber zuvor muß etwas Altes, Vergangenes losgelassen werden. Das kann ein schmerzlicher Vorgang sein. Meistens jedoch handelt es sich um eine Wende zum Besseren. Den physischen Tod kündigt diese Karte eher selten an. Der leibliche Tod, als Übergang in eine andere Daseinsform, ist meist nur verdeckt aus den Karten herauszulesen. Wenn der Tod von mehreren negativen Karten umgeben liegt, ist Vorsicht allerdings schon angebracht. Nehmen Sie die Warnung dann nicht auf die leichte Schulter!

Liebe, Beziehung zu anderen Menschen

Alte Freundschaften lösen sich auf. Lassen Sie dies zu! Sie werden neue Menschen kennenlernen, die besser zu Ihrer jetzigen Entwicklung passen.

Beruf, Besitz

Vielleicht gehen Sie in Rente, oder Ihr Arbeitsplatz verändert sich so, daß Sie sich dort nicht mehr wohlfühlen. Lassen Sie den alten Zustand vergehen, und öffnen Sie den Blick für neue Möglichkeiten.

TOD in Kombination mit...

...Geliebte/Geliebter: Ihr Partner ist verstorben.

...Liebe: Die Liebe droht zu erlöschen.

TOD in Kombination mit...

...Heirat:	Ende der Ehe durch Tod od. Scheidung
...Kind:	Ihre Kinder gehen fort.
...Glück:	Ende einer glücklichen Lebensphase
...Witwe/Wittwer:	Partner kürzlich verstorben
...Geld:	Erbschaft
...Etwas Geld:	Kleine Erbschaft
...Brief:	Todesanzeige. Eine Nachricht schafft eine neue Situation.
...Botschaft:	Todesnachricht
...Beständigkeit:	Ruhestand, eventuell auch Bestattungsinstitut
...Hoffnung:	Ihre Hoffnung ist vergebens.
...Haus:	Todesfall in der näheren Umgebung möglich
...Sehnsucht:	Lebensmüde
...Reise:	Reise ohne Wiederkehr, Gefahr!
...Falschheit:	Scheintod. Die Person lebt noch.
...Verdruß:	Viel Ärger um einen Todesfall
...Krankheit:	Schwere Krankheit, die nur durch Medi-tation oder Gebet geheilt werden kann.
...Besuch:	Gefahr
...Feind:	Feindschaft bis in den Tod (Karma)
...Dieb:	Raubmord. Vorsicht!
...Unglück:	Katastrophe, die viele Menschen betrifft.
...Richter:	Gerechtigkeit erst nach dem Tod, Gefahr!
...Gedanken:	Der Tod kündigt sich an. Auch: Todesangst
...Geistlicher:	Einweihung, auch: Requiem

TRAURIGKEIT

Traurigkeit   sadness
tristesse   tristezza
tuga   szomorúság

Personenkarte
Leidvolle Frau

Allgemein

Etwas aus der Vergangenheit bedrückt Sie. Oder Sie leiden unter dem Gefühl, nie das bekommen zu können, was Sie eigentlich brauchen. Widersetzen Sie sich der Trauer nicht. Es ist eine heilsame Zeit. Erst wenn Sie beim Gedanken an die Angelegenheit, die Sie einst bedrückt hat, keinen Schmerz mehr empfinden, haben Sie diese auch wirklich bearbeitet und sind frei für die Zukunft.

Liebe, Beziehung zu anderen Menschen

Wahrscheinlich haben Sie sich gerade von einem Partner getrennt oder leiden darunter, daß der geliebte Mensch Ihre Gefühle nicht erwidert. Auch der Tod eines nahestehenden Menschen wirft Schatten auf die Seele. Verdrängen Sie den Kummer nicht. Aber öffnen Sie wieder die Augen für die kleinen Freuden des Daseins.

Beruf, Besitz

Sie müssen eine Arbeit ausüben, die Sie nicht lieben. Vielleicht ist das vorübergehend nötig. Schmieden Sie dennoch Pläne für die Zukunft! Es muß nichts so bleiben, wie es ist!

TRAURIGKEIT in Kombination mit...

...Geliebte/Geliebter:	Ihr Partner macht Ihnen Kummer.
...Liebe:	Liebeskummer
...Heirat:	Unglückliche Ehe
...Kind:	Kummer über Ihr Kind/Ihre Kinder
...Treue:	Ihre Freunde machen Sie traurig.
...Hoffnung:	Niedergeschlagenheit
...Glück:	Sie können sich nicht freuen.
...Fröhlichkeit:	Stimmungsschwankungen
...Haus:	Trauriges Zuhause
...Besuch:	Ein Gast macht Ihnen Kummer.
...Reise:	Reise aus traurigem Anlaß
...Geld:	Reich, aber unglücklich
...Etwas Geld:	Kummer aus Mangel
...Botschaft:	Eine Nachricht bringt Kummer.
...Feind:	Eine Feindschaft bedrückt Sie.
...Krankheit:	Sie müssen die Krankheit akzeptieren.
...Eifersucht:	Ihre Eifersucht macht Sie niedergeschlagen.
...Dieb:	Jemand raubt Ihnen die Freude.
...Verlust:	Bald sind Sie wieder froh.
...Sehnsucht:	Kein klares Lebensziel
...Witwe/r:	Trauer um einen nahestehenden Menschen
...Gedanke:	Trübsal

TREUE

Treue	fidelity
fidélité	fedeltà
vjernost	hüség

Allgemein

Sie haben Grundsätze und halten daran fest.
Deshalb sind Sie als zuverlässiger Mensch bekannt
und haben Erfolg im Leben. Achten Sie darauf, sich
auch weiterhin selbst treu zu bleiben! Manchmal
macht es einem das Leben gar nicht so einfach damit. Die Karte Treue umfaßt auch die Freunde.

Liebe, Beziehung zu anderen Menschen

Sie sind ein treuer und zuverlässiger Partner. Sie haben einen Freundeskreis, der zu Ihnen hält und Ihnen ein Gefühl der Sicherheit gibt.

Beruf, Besitz

Sie haben einen sicheren Arbeitsplatz und sind als zuverlässiger und
loyaler Mitarbeiter sehr geschätzt. Sie verfügen über ausreichend Besitz,
um sich im Leben sicher zu fühlen.

TREUE in Kombination mit...

...Geliebte/Geliebter: Treuer Partner
...Liebe: Liebe über den Tod hinaus
...Heirat: Lange, stabile Beziehung oder Ehe
...Kind: Stabile Beziehung zu Ihrem Kind/Ihren
   Kindern
...Glück: Das Glück bleibt Ihnen treu.
...Fröhlichkeit: Guter Charakter, Frohnatur,

TREUE in Kombination mit...

...Hoffnung:	Eine lang andauernde gute Zeit kommt.
...Haus:	Bodenständig, immer am selben Ort
...Geld:	Das Geld bleibt Ihnen treu.
...Etwas Geld:	Sicheres Einkommen
...Geschenk:	Sie haben gute Freunde.
...Richter:	Sehr guter Charakter
...Eifersucht:	Mit Ihrer Eifersucht kränken Sie einen treuen Freund.
...Krankheit:	Chronische Krankheit
...Falschheit:	Ein falscher Freund
...Traurigkeit:	Ihre Freunde machen Sie traurig.
...Gedanke:	Feste Grundsätze
...Geistlicher:	Beharrliches, geistiges Streben

UNGLÜCK

Unglück — misfortune
malheur — disgrazia
nesreća — szerencsétlenség

Allgemein

Diese Karte kündigt immer Schwierigkeiten im größeren Ausmaß an. Diese können sich im individuellen Lebenslauf abspielen, aber auch eine größere Gemeinschaft betreffen wie etwa ein Krieg, eine Naturkatastrophe oder ähnliches. Seien Sie vorsichtig, bewahren Sie einen kühlen Kopf und Ihre Zuversicht. Auf diese Weise läßt sich das Schlimmste verhüten.

Liebe, Beziehung zu anderen Menschen

Vielleicht trifft das Unglück nicht nur Sie und Ihre Familie, sondern Ihr Dorf, eine zufällig zusammengewürfelte Gemeinschaft in einer Eisenbahn oder ähnliches. Denken Sie auch an andere, üben Sie sich in Gebet und positivem Denken. Diese gute Energie kommt allen zugute.

Beruf, Besitz

Es könnte schwierig sein, Ihren materiellen Besitz zu bewahren. Besinnen Sie sich darauf, daß Ihnen allein Ihr Wissen und Ihre Fähigkeiten niemand nehmen kann. Sie verfügen auch über die Kraft, neu anzufangen!

Kombinationen mit dieser Karte bedeuten immer Gefahr!

UNGLÜCK in Kombination mit...

...Geliebte/Geliebter:	Ihr Partner ist in Gefahr.
...Heirat:	Meiden Sie diese Heirat.
...Kind:	Ihr Kind schwebt in Gefahr.
...Glück:	Sie werden unbeschadet davonkommen.
...Geld:	Geld nach einer Katastrophe (z.b. Brandversicherung)
...Etwas Geld:	Besitzverlust durch höhere Gewalt (Krieg, Feuer etc.)
...Haus:	Zerstörung durch Krieg oder Katastrophe
...Botschaft:	Katastrophenmeldung
...Beständigkeit:	Katastropheneinsatz, auch Berufsunfall
...Treue:	Nicht an einer verlorenen Sache hängen!
...Krankheit:	Krank oder verletzt durch Unfall bzw. Katastrophe
...Reise:	Meiden Sie diese Reise.
...Offizier:	Unglück, das einen ganzen Staat betrifft.
...Feind:	Bewaffneter Überfall, auch: Krieg
...Dieb:	Plünderung, auch: Schwarzmarkt
...Tod:	Katastrophe, die viele Menschen betrifft.
...Gedanke:	Lebensangst
...Geistlicher:	Beistand durch die geistige Welt

UNVERHOFFTE FREUDE

Allgemein

Gute Überraschungen stehen Ihnen bevor. Dies ist eine der freudigsten Karten des ganzen Spiels. Was gibt es auch besseres, als eine unverhoffte Freude, wenn man nichts erwartet?

Liebe, Beziehung zu anderen Menschen

Menschen beweisen Ihnen ihre Zuneigung und Freundschaft dort, wo Sie es am wenigsten erwarten. Vielleicht erweist man Ihnen auch kleine Gefälligkeiten oder beschenkt Sie mit Liebesbeweisen. Denken auch Sie an Ihre Lieben, und bereiten Sie diesen zuweilen eine freudige Überraschung.

Beruf, Besitz

Im Arbeitsleben dürfen Sie auf eine unverhoffte Beförderung oder eine kleine Gehaltserhöhung hoffen. Aber auch Anerkennung und lobende Worte werden das Herz erwärmen. Ein unerwarteter Zugewinn könnte Ihren Besitzstand vermehren.

UNVERHOFFTE FREUDE in Kombination mit...

...Geliebte/Geliebter: Ihr Partner bereitet Ihnen eine freudige Überraschung.

...Heirat: Ihnen widerfährt die Liebe unverhofft.

...Heirat: Unerwartete Ehe

...Kind: Sehnlichst erwartete Schwangerschaft

104

UNVERHOFFTE FREUDE in Kombination mit...

...Hoffnung:	Eine fast unmögliche Hoffnung erfüllt sich.
...Glück:	Plötzliches Glück
...Fröhlichkeit:	Glücksfall, Gewinn
...Besuch:	Unerwartet kommen liebe Freunde.
...Geschenk:	Ein unerwartetes Geschenk macht Sie glücklich.
...Geld:	Unerwartete Geldzuwendung
...Etwas Geld:	Unerwartetes Geld erfreut Sie.
...Brief:	Ein Schriftstück bringt Glück, wo Sie es nicht vermuteten.
...Botschaft:	Unverhoffte Glücksbotschaft
...Geistlicher:	Plötzlicher geistiger Fortschritt (Karma)

VERDRUß

Verdruss	anger
chagrin	dispiacere
neprilika	bosszúság

Allgemein

Sie befinden sich in keiner guten Gemütsverfassung. Vielerlei Hindernisse türmen sich auf und vergällen Ihnen den Alltag. Bemühen Sie sich um Gleichmut und räumen Sie die Hindernisse eines nach dem anderen beiseite. Mit etwas Geduld schaffen Sie so einen besseren Zustand!

Liebe, Beziehung zu anderen Menschen

Es wäre sinnvoll, sich eine Weile aus dem gesellschaftlichen Leben zurückzuziehen. Es gibt überall Mißverständnisse und Streit. Gehen Sie den Auseinandersetzungen möglichst aus dem Weg, und versuchen Sie, höflich zu bleiben.

Beruf, Besitz

Erwarten Sie im Moment nicht, daß Ihre Verdienste am Arbeitsplatz gewürdigt werden! Eher werden Sie sich mit Kritik auseinandersetzen müssen. Vermeiden Sie Veränderungen bei Geld und Wohnung. Es ist keine gute Zeit für Entscheidungen.

VERDRU ß in Kombination mit...

...Geliebte/Geliebter:	Streit, Ärger mit dem Partner
...Heirat:	Diese Heirat bringt nur Ärger.
...Kind:	Ärger mit Ihrem Kind/ Ihren Kindern
...Treue:	Der Ärger dauert an.

VERDRUß in Kombination mit...

...Haus:	Viel Ärger und Streit zu Hause
...Geld:	Ärger in finanziellen Angelegenheiten
...Etwas Geld:	Geldsorgen
...Botschaft:	Eine ärgerliche Nachricht
...Besuch:	Mißglückte Einladung
...Beständigkeit:	Ärger am Arbeitsplatz, im Beruf
...Reise:	Die Reise bringt nur Ärger.
...Richter:	Ärger mit juristischen Angelegenheiten
...Offizier:	Ärger mit einer Behörde
...Krankheit:	Krank vor Ärger
...Dieb:	Ärger durch Diebstahl
...Feind:	Ihr Feind vergällt Ihnen das Leben.
...Eifersucht:	Schaden durch eifersüchtige Menschen
...Falschheit:	Ärger mit unehrlichen Menschen
...Tod:	Viel Ärger um einen Todesfall
...Gedanke:	Sie ärgern sich.

VERLUST

Verlust	loss
perte	perdita
gubitak	veszteség

Allgemein

Vermeiden Sie Unvorsichtigkeiten und nachläs-
siges Handeln. Es könnten Ihnen allerhand Unan-
nehmlichkeiten daraus entstehen. Je besonnener Sie
jetzt vorgehen, desto geringer wird der drohende
Verlust ausfallen.

Liebe, Beziehung zu anderen Menschen

Es könnte geschehen, daß Sie in nächster Zukunft, aus welchen Gründen auch immer, Ihren Partner verlieren. Auch langjährige Freundschaften können sich auflösen. Bewahren Sie Ihre Seele vor Bitterkeit! Nur,
was nicht mehr in Ihr Leben paßt, geht verloren.

Beruf, Besitz

Hüten Sie sich in jedem Fall vor finanziellen Wagnissen, mögen Sie
noch so vielversprechend aussehen. Selbst im günstigsten Fall werden
Sie einige finanzielle Fehlschläge erleben. Bleiben Sie am Arbeitsplatz
fleißig und ausdauernd, denn Ihre Stellung ist gefährdet.

VERLUST in Kombination mit...

...Geliebte/Geliebter: Den Partner verlieren
...Liebe: Vom Leben enttäuscht, verbittert
...Heirat: Ehe nur auf dem Papier
...Kind: Drohende Fehlgeburt
...Haus: Sie könnten Ihr Heim verlieren.

VERLUST in Kombination mit...

...Geld:	Großer Geldverlust
...Etwas Geld:	Sie verlieren einen Geldbetrag.
...Geschenk:	Dieser Verlust ist ein Gewinn.
...Botschaft:	Verlustmeldung
...Fröhlichkeit:	Etwas trübt Ihre gute Laune.
...Beständigkeit:	Mögliche Kündigung, Arbeitslosigkeit
...Krankheit:	Genesung nach schwerer Krankheit
...Traurigkeit:	Bald sind Sie wieder froh.
...Eifersucht:	Begründete Eifersucht
...Reise:	Die Reise bringt nichts Gutes.
...Sehnsucht:	Kein Lebenswille
...Richter:	Einen Prozeß verlieren
...Falschheit:	Lügen bringen keinen Erfolg. Auch: Falschmeldung
...Verdruß:	Bald hat der Ärger ein Ende.
...Feind:	Ihr Feind droht, Sie zu ruinieren.
...Unglück:	Eine Katastrophe kann Sie hart treffen.
...Gedanken:	Mangel an geistiger Klarheit

WITWE/WITWER

Personenkarten
Ältere oder einsame, alleinlebende, geschiedene oder verwitwete Menschen

Witwe — widow
veuve — vedova
udova — özvegyasszony

Allgemein
Witwe und Witwer können die Eltern sein oder, unabhängig vom Alter, Personen mit einer schmerzlichen Lebenserfahrung und daraus errungener Reife.

Liebe, Beziehung zu anderen Menschen
Diese Karten stellen eine Zeit des Lebens dar, in der man allein seinen Weg geht. Das muß nicht unbedingt leidvoll sein, erfordert aber Stärke.

Witwer — widower
veuf — vedovo
udovac — özvegy férfi

Beruf, Besitz
Werden durch diese Personenkarten nicht dargestellt.

WITTWE/R in Kombination mit...

...Geliebte/Geliebter: Ihr Partner ist verwitwet oder geschieden.

...Liebe: Reife, liebevolle Persönlichkeit

...Glück: Glücklich sein, allein zu leben

...Heirat: Hochzeit mit verwitwetem od. geschiedenem Partner

...Kind: Alleinerziehender Elternteil

WITTWE/R in Kombination mit...

...Geld:	Geld nach dem Tod des Partners
...Etwas Geld:	Kleine Witwenrente
...Haus:	Haus vom Partner geerbt
...Besuch:	Kondolenzbesuch, Bestattung
...Richter:	Scheidung
...Sehnsucht:	Sich nach Einsamkeit sehnen
...Traurigkeit:	Trauer um einen nahestehenden Menschen
...Tod:	Partner kürzlich verstorben
...Geistlicher:	Allein den geistigen Weg gehen

111

Jetzt geht's los!

Nachdem Sie nun die Bedeutung der Karten kennengelernt haben, können Sie diese für die Suche nach Lösungen für jede beliebige Fragestellung einsetzen.

Zigeunerkarten werden fast immer in **großer Zahl** ausgelegt. Deshalb sind auch die Kombinationen der Karten, die in einer Legung im Zusammenhang betrachtet werden, von Bedeutung. Sie haben zu jeder Karte einige Vorschläge dazu gefunden, wie Sie diese deuten können. Allerdings sind die Möglichkeiten, wie die einzelnen Karten sich zu Gruppen paaren, noch weit zahlreicher. Mit den Zigeunerkarten arbeiten, bedeutet, das **intuitive Denken** zu entwickeln. Nach einiger Übung werden Sie gänzlich neue Zusammenhänge entdecken, die das Bild von einem unvollständigen Puzzle zu einer klar geordneten Landkarte werden lassen. Es gibt durchaus **keine festgelegte** Regel, was die Bedeutung der Verbindungen betrifft. Da Sie Ihre eigene Situation am besten kennen, werden Sie auch genau erkennen, was Ihnen die Karten im Zusammenhang damit sagen.

Sollten Sie beginnen, auch anderen Menschen die Karten zu deuten, scheuen Sie sich vor allem zu Beginn nicht, sich etwas über die gegenwärtigen Zustände im Leben des Fragenden erzählen zu lassen. Es geht schließlich nicht darum, detektivische Fähigkeiten unter Beweis zu stellen! Hauptsache bleibt, daß die Person, der Sie die Karten deuten, mit Ihren Hinweisen etwas anfangen kann. **Täuschen Sie deshalb kein Wissen vor**, über das Sie nicht verfügen! Sagen Sie nur das, was Sie ganz klar in den Karten sehen. Wo Sie einen Zweifel spüren, schweigen Sie eher. Nach einiger Zeit werden Sie immer sicherer. Und vermeiden Sie auf jeden Fall, irgend jemanden durch düstere Andeutungen zu erschrecken!

Selbst wenn Sie viel Negatives zu sehen glauben, **halten Sie sich zunächst an das Gute.** Und es gibt keine Kartenlegung, in der dies nicht reichlich vorhanden wäre. Das ist eines der Geheimnisse dieser Karten.

Nun zur Methode des Auslegens. Zunächst **zwei einfache** Legungen oder Bilder, die Sie für ganz spezielle Fragen, wenn Sie es eilig haben oder auch einfach zum Üben verwenden können. Sie heißen das „**Kreuz**" und das „**Keltische Kreuz**" und haben eine lange Tradition in der Kunst des Wahrsagens mit Karten. Mit diesen beiden Kreuzen können Sie jede Art von Frage beantworten.

Anschließend zeige ich Ihnen die mehrteilige Legungsreihe „**Der Siebenarmige Leuchter**". Es handelt sich dabei um eine klassische Methode, die in Osteuropa viel angewendet wird. Dafür brauchen Sie ein wenig Zeit und Geduld. Es ist sinnvoll, das Ergebnis jedes der sieben Schritte aus dieser Reihe zu **notieren**, weil die Karten ja immer wieder neu gemischt und ausgelegt werden. Sie erfahren dabei viel über sich selbst und die Personen, die in Ihrem Leben eine Rolle spielen. In etwas abgewandelter Form finden Sie dort übrigens auch das „Kreuz" wieder. Die Methode ist mit ihren sieben Schritten zwar umfangreich, aber überhaupt nicht schwierig. Probieren Sie sie unbedingt einmal aus!

Wahrscheinlich werden Sie den „Siebenarmigen Leuchter" wegen seiner Aufwendigkeit insgesamt seltener verwenden. Statt dessen können Sie auch **jeden einzelnen Schritt** aus dieser Reihe für sich **allein benutzen.** Und wenn Sie eine Frage rasch klären wollen, stehen Ihnen ja noch die beiden ersten Bilder zur Verfügung.

Den Schluß bildet eine Besonderheit, der „**Kreis des Lebens**", auch „Jahreskreis" genannt. Diese Art, Karten zu legen und zu deuten, ist alt.

Sie ist, wie die Kreuze, Volksgut geworden, da sie bereits hunderte von Jahren verwendet wird. Wer Interesse an größeren spirituellen Zusammenhängen hat, wird gerne mit dem Kreis arbeiten. Sie können die **Entwicklung** einer Angelegenheit, die Sie als besonders bedeutsam in Ihrem Leben erachten, in diesem Kreis einmal in seiner Entwicklung im **bevorstehenden Jahr** betrachten sowie auch, mit den gleichen Karten, im Verlauf Ihrer **gesamten Biographie**. Traditionell wird dieser Kreis um die Neujahrszeit ausgelegt.

Im Anschluß an die jeweiligen Legemethoden schildere ich Ihnen jeweils ein **Beispiel** einer Deutung dazu. Dabei handelt es sich um Erfahrungen, wie ich sie beim Kartenlegen selbst erlebte. Sie sollen Ihnen zur Anregung dienen und die Vorgehensweise noch einmal deutlich machen.

Und nun freuen Sie sich auf die erste Arbeit mit Ihren Zigeunerkarten!

DAS KREUZ

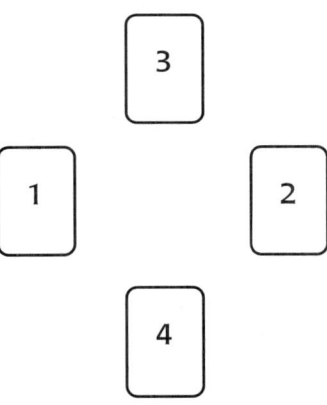

Bedeutung der Positionen

1. *Darum geht es.* (Die Frage oder das Problem)
2. *Das ist es nicht.* (Die Befürchtung oder Hoffnung, die nicht der Realität entspricht.)
3. *Das ist es.* (So sieht das Problem oder die Sache in Wirklichkeit aus.)
4. *Da führt es hin.* (So wird sich das Problem oder die Sache in der Zukunft entwickeln.)

Entsprechend diesen Erläuterungen finden Sie Antwort auf jede Frage. Wenn eine Karte Ihnen unverständlich erscheint, können Sie diese als Ausgang eines neuen Fragekreuzes nehmen.

Beispiel für eine Deutung
mit dem „Kreuz"

Eine weibliche Person fragt nach dem **Erfolg eines beruflichen Projektes**. Es geht um eine selbständige Arbeit, die dieser Frau übertragen werden soll. Wenn die Sache erfolgreich durchgeführt wird, winken Beförderung und Gehaltserhöhung. Allerdings hat die fragende Person Zweifel, ob es ihr gelingen wird, den Ansprüchen zu genügen. Nach aufmerksamem Mischen werden folgende Karten ausgelegt.

1-Krankheit
2-Geistlicher
3-Traurigkeit
4-Geld

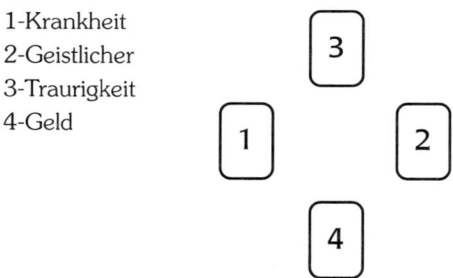

1. *Darum geht es:*

Die Karte „**Krankheit**" legt den Schluß nahe, daß der jetzige von Zaghaftigkeit geprägte Gemütszustand der fragenden Frau als Krankheit angesehen werden kann. Sie erklärt, daß sie tatsächlich wegen einer kleineren Operation einige Tage zu Hause geblieben sei. In dieser Zeit habe der Chef angerufen und den Vorschlag unterbreitet. Sie hält es nicht für unmöglich, daß sie, wäre sie völlig gesund gewesen, das Ansinnen begeistert aufgenommen hätte.

2. *Das ist es nicht*:
Die Karte „**Geistlicher**" symbolisiert allgemein alle spirituellen Fragen. Auf diese Situation hin angewendet, kommt die Deutung in Betracht, daß es sich bei den geforderten Fähigkeiten nicht um außergewöhnliche Begabungen oder Kenntnisse handelt, also, daß die Fragende sich nicht sorgen muß, bei der Aufgabe überfordert zu werden.

3. *Das ist es*:
„**Traurigkeit**" ist hier ohne Zweifel eine Karte, die Fragen aufwirft. Wenn aber die nötigen Fähigkeiten vorhanden sind und wir davon ausgehen können, daß der Vorgesetzte seiner Angestellten diese auch zutraut und sie braucht, da er sie zu Hause während der Krankheit angerufen hat, müssen wir vermuten, daß auch die erfolgreiche Bewältigung der Frau Kummer bringen kann. Das könnte Ärger mit Kollegen sein oder dem Partner, der es vielleicht nicht gern sieht, wenn seine Freundin oder Frau sich mehr dem Beruf als seiner Person widmet. Die Fragende bestätigt beides. Sie habe eine ehrgeizige Kollegin, mit der sie sich allerdings bisher gut verstanden habe. Es sei wahrscheinlich, daß diese Kollegin enttäuscht sein würde, daß sie nicht selbst mit der Spezialaufgabe betraut worden war. Da sei eine Trübung des Verhältnisses zu erwarten. Mit dem Freund sei es so, daß er ohnehin den beruflichen Erfolg seiner Freundin als Problem sähe.

4. *Da führt es hin*:
Die Karte „**Geld**" weist immer auf bedeutenden finanziellen Gewinn hin. Hier also dürfen wir davon ausgehen, daß die Angestellte die von der Firma aufgetragene Aufgabe mit Erfolg ausführen wird. Sie wird dem Betrieb Gewinn bringen, aber auch der fragenden Person selbst die in Aussicht gestellte Beförderung mit Gehaltserhöhung bringen.

Die Fragestellerin äußert nun noch den Wunsch, die Karte „**Traurig-keit**" näher erläutert zu haben. Wir legen also erneut ein Kreuz, mit der Karte *„Traurigkeit" als Karte 1.*

1-Traurigkeit
2-Verdruß
3-Witwe
4-Geld

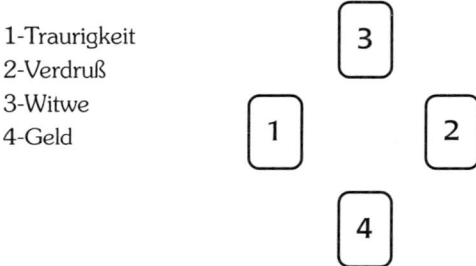

1. *Darum geht es:*
Wir haben die Karte „**Traurigkeit**" als erläuterungsbedürftige Karte aus der vorigen Legung

2. *Das ist es nicht:*
„**Verdruß**" an dieser Stelle ist eine Beruhigung. Es wird also nicht der Ärger sein, der die Fragestellerin traurig stimmt.

3. Das ist es:
„**Witwe**" weist darauf hin, daß die berufliche Situation zu einer Tren-nung vom jetzigen Partner führen wird, und daß die Fragestellerin eine Zeitlang allein leben wird. Diese Deutung mag die Fragende so nicht ak-zeptieren, vielmehr meint sie, daß dies wiederum ein Hinweis auf die konkurrierende Kollegin sei, eine ältere, alleinstehende Dame.

4. *Da führt es hin:*
Wie bei dem vorherigen Kreuz finden wir wieder die Karte „**Geld**".
Also wird die fragende Person sich in jedem Fall beruflich durchsetzen
und das gesteckte Ziel erreichen.

Dieses Beispiel zeigt auch auf, wie zwei Menschen, die die Karten
betrachten, sich **in der Deutung ergänzen**. Hätte die betreffende Frau
sich alleine die Karten gelegt, wäre ihr vermutlich nicht einmal der Ge-
danke gekommen, daß die Karte Witwe ein Hinweis auf die Auflösung
ihrer Partnerschaft sein könne. Auch wenn es sehr wahrscheinlich ist,
daß **beide Erklärungen richtig** sind: Die Karte „*Witwe*" kann einer-
seits ein Hinweis auf die Kollegin sein, die sich im Laufe dieser Zeit ihres
Alters bewußt werden wird, und sich gezwungen sehen wird, der jüngeren
und fähigeren Konkurrentin den Vortritt zu lassen. Andererseits ist die
Trennung vom Partner der Fragenden, der, wie im vorherigen Kreuz ge-
schildert, mit dem beruflichen Erfolg seiner Freundin Probleme hat, sehr
wahrscheinlich. Dennoch sollten Sie in einem solchen Fall niemals allzu-
sehr auf die Deutung, die Ihnen ins Auge springt, beharren. Richtig ist
hier einfach ein **Hinweis** darauf, daß es in nächster Zukunft sinnvoll
wäre, das Private zugunsten des beruflichen Erfolgs zurückzustellen.

DAS KELTISCHE KREUZ

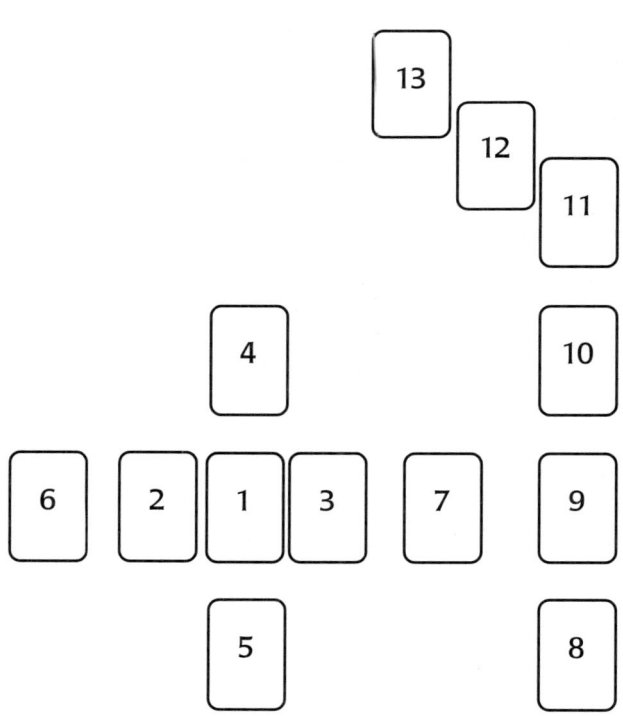

Bedeutung der Positionen

1. Das Thema, die Frage
2.+ 3. Erläutern das Thema oder die Frage
4. Die Gedanken
5. Das Unbewußte
6. Die Vergangenheit
7. Die Zukunft
8. Die Sicherheit
9. Die Wirkung nach außen
10. Hoffnungen oder Befürchtungen
11. Ausgang
12.+13. Erläutern den Ausgang

Das „**Keltische Kreuz**" ermöglicht schon eine recht **umfangreiche** Betrachtung eines Themas oder einer Frage. Durch die klare Definition der einzelnen „Häuser" bzw. Positionen ist es einfach, die Karten in Beziehung zur Frage zu deuten.

Beispiel für eine Deutung
mit dem „Keltischen Kreuz"

Bei dem Fragesteller handelt es sich um einen jungen Mann, etwa Anfang Zwanzig. Er hat Geldsorgen, die ihm aus einem unverschuldeten Autounfall entstanden sind. Sein Auto mußte repariert werden, er selbst wurde verletzt, hatte einen langen Krankenhausaufenthalt und konnte deswegen in den Semesterferien, wie sonst üblich, nicht jobben. Die Frage lautet also: „**Wie werden sich meine Geldprobleme lösen?**" Es ergibt sich folgendes Kartenbild:

1-Gedanken
2-Witwe
3-Haus
4-Etwas Geld
5-Liebe
6-Tod
7-Offizier
8-Brief
9-Geliebte
10-Geschenk
11-Verdruß
12-Geld
13-Krankheit
(Richter)

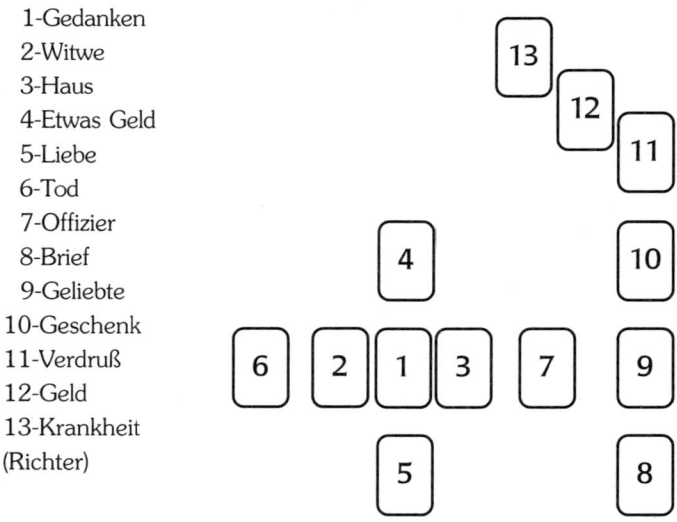

1- Der junge Mann selbst erweist sich mit der Karte „*Gedanken*" als ein ernsthafter Mensch.

2- + 3- Die Karten 2 und 3 zeigen die „*Witwe*" und das „*Haus*". Daraus ist zu ersehen, daß der junge Mann noch bei seiner Mutter lebt. Es gibt zwischen Mutter und Sohn keine schlechte Karte, also wissen wir, daß die beiden ein ungetrübtes Verhältnis haben. Der junge Mann bestätigt dies, versichert auch, daß seine Mutter ihm gerne mit Geld aushelfen würde, jedoch nur Kost und Logis zur Verfügung stellen könne.

4- Die **Gedanken** des Fragestellers, Karte 4, sind auf Geld gerichtet. Auch das wissen wir bereits. Da es nur die Karte „*Etwas Geld*" ist, handelt es sich wohl nicht um sehr große Summen. Der junge Mann verfügt aber nur über bescheidene Mittel, deshalb erscheint ihm der fehlende Betrag unerschwinglich.

5- Das **Unbewußte**, Karte 5, zeigt die „*Liebe*". Also sehnt sich der Fragende nach Liebe, ist sich seines Verlangens jedoch nicht recht bewußt. Dieser Platz kann aber auch so gedeutet werden, daß die zu lösenden Probleme das Verlangen nach Liebe zur Zeit in den Hintergrund drängen.

6- In der **Vergangenheit**, also Karte 6, liegt der „*Tod*". Das ist nicht schwer zu verstehen, der Unfall war zweifellos eine schmerzliche Erfahrung, die aus dem Jugendlichen einen leidgeprüften Mann machte.

7- In der **Zukunft**, Karte 7, sehen wir den „*Offizier*". Daraus läßt sich entnehmen, daß die Lösung der Schwierigkeiten bei den zuständigen Behörden liegt.

8- Die **Sicherheit**, Karte 8, ist der „*Brief*", eine positive Nachricht. Also wird das Anliegen des jungen Mannes positiv beschieden werden.

9- Die **Wirkung nach außen**, Karte 9, zeigt die „*Geliebte*". Also sieht die Umgebung des jungen Mannes deutlicher als er selbst, daß er eine bestimmte Neigung hegt. Die eigentliche Schwierigkeit des Mannes wird von Freunden und Bekannten, wie so häufig im Leben, aber nicht wahrgenommen.

10- Karte 10, das „Geschenk", verweist darauf, daß der junge Mann **hofft**, es möge ihm die Lösung des Problems wie ein Geschenk in den Schoß fallen.

11- Der **Ausgang**, Karte 11, zeigt, daß dies leider nicht so sein wird: „Verdruß" deutet auf manchen Ärger auf dem Weg durch die Büros der zuständigen Stellen.

12- ...13- **Erläuterung** liefern die Karten 12 und 13, zum einen „Geld", dann „Krankheit". Das legt den Schluß nahe, daß dem jungen Mann wohl ein größeres Schmerzensgeld oder etwas ähnliches aufgrund seiner Verletzung zusteht. Da die Karte „Krankheit" bei dem jungen Mann Besorgnis darüber auslöst, ob die Verletzung ihn womöglich dauerhaft behindern wird, zieht er **noch eine Karte** und legt sie auf die Karte „Krankheit". Es handelt sich um die Karte „Richter". Sie liefert Sicherheit darüber, daß es sich tatsächlich um eine beträchtliche Summe handelt, die dem jungen Mann aufgrund einer juristischen Entscheidung zugesprochen werden wird. Allerdings muß er ernsthaft darauf hingewiesen werden, daß er sich sehr intensiv um sein Recht bemühen muß, und es, wie die Karte „Verdruß" andeutet, im Verlaufe der Angelegenheit auch Ärger geben wird.

DER SIEBENARMIGE LEUCHTER

Hier handelt es sich um eine Folge von **Legesystemen in sieben Schritten**. Jeder dieser Schritte kann auch für sich allein gelegt werden.

Erster Schritt

Der Fragesteller mischt die Karten, danach legt er das Kartenpäckchen **verdeckt** hin. Die **oberste** Karte des Packens wird aufgedeckt. Sie verrät etwas über das **Anliegen** der fragenden Person. Dann wird die **zuunterst** liegende Karte aufgedeckt und betrachtet. Sie sagt aus, was das Anliegen des Fragenden **behindert**. Wenn der Siebenarmige Leuchter weiter gelegt wird, sollten diese beiden Karten **notiert** werden. Ihr späteres, **erneutes Auftauchen** sowie die Karten, die diese beiden ersten **umgeben**, sind dann von besonderer Bedeutung.

Zweiter Schritt

Der Fragesteller mischt die Karten ein zweites Mal. Dann wird der Packen hingelegt und intuitiv **zweimal** (mit links) **abgehoben**, so daß nun drei Päckchen mit Karten vor ihm liegen. Diese Packen werden **umgedreht** und die Karten auf der Unterseite gedeutet. Sie sind Hinweise auf das, was dem Fragesteller in der **nächsten Zukunft** begegnen wird.

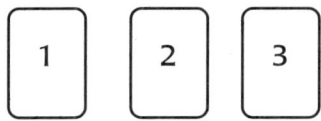

Auch diese drei Karten sollten **aufgeschrieben** werden, damit die Art, wie diese Ereignisse eintreten, aus den nächsten Systemen gesehen werden kann.

Dritter Schritt

Hierfür werden die Karten zusammengelegt und ein weiteres Mal gemischt, dann auf einer Fläche nach folgendem Schema ausgelegt:

1	2	3	4	5	6	7	8	9
10	11	12	13	14	15	16	17	18
19	20	21	22	23	24	25	26	27
28	29	30	31	32	33	34	35	36

Nun wird die Karte der „**Geliebte**" gesucht, wenn es sich bei der fragenden Person um eine Frau handelt, und die Karte die „**Geliebte**", wenn die fragende Person ein Mann ist. Bei diesem Legesystem steht die Beziehung zum Partner, oder zum ersehnten Partner, wenn noch keiner vorhanden ist, im Vordergrund. Von der Karte „Geliebte/r" aus wird sieben Karten weiter gezählt und die siebte Karte gedeutet, dann wieder **sieben Karten weiter** gezählt, und die vierzehnte Karte gedeutet, und so weiter. So wird insgesamt **fünfmal** verfahren, bis man wieder vor der Karte „*Geliebte/r*" angelangt ist.

Beispiel: Die Karte „*Geliebte/r*" (G) liegt auf Platz 23. Das ist der Ausgangspunkt für das Abzählen der fünf Karten, die bei diesem Schritt in Bezug auf den Partner des Fragenden gedeutet werden.

1 (14)	2	3	4	5	6	7	8 (21)	9
10	11	12	13	14	15	16	17	18
19	20	21	22 (36)	23 (G)	24	25	26	27
28	29	30 (7)	31	32	33	34	35	36

Also werden beim Abzählen der sieben Karten die Positionen 30, 1, 8, 15 & 22 erreicht. Die Zahlen 7, 14, 21, 28 & 36 (in Klammern) auf der oberen Abbildung zeigen, wie diese ermittelt wurden. Die Karten dürfen **nicht** aus dem System herausgenommen werden.

Für den nächsten Schritt bleiben die Karten **unberührt** im Schema liegen.

Vierter Schritt

Für diesen Schritt werden die Karten in einer **anderen Ordnung** gedeutet. Hauptthema ist dabei immer noch der Partner und sein Einfluß auf die fragende Person bzw. die Entwicklung der Partnerschaft. Auch diese Karten werden **nicht** aus dem System herausgenommen!

1 (1)	2 (2)	3 (3)	4 (4)	5 (9)	6 (4)	7 (3)	8 (2)	9 (1)
10 (5)	11 (6)	12 (7)	13 (8)	14 (9)	15 (8)	16 (7)	17 (6)	18 (5)
19 (5)	20 (6)	21 (7)	22 (8)	23 (9)	24 (8)	25 (7)	26 (6)	27 (5)
28 (1)	29 (2)	30 (3)	31 (4)	32 (9)	33 (4)	34 (3)	35 (2)	36 (1)

Nun werden die Karten der **vier Ecken,** also die Positionen 1/36/9/ 28 (Gruppe 1) im Zusammenhang gedeutet. Schauen Sie dabei nach, ob Sie bei den Erklärungen der einzelnen Karten Kombinationen finden. Es ist natürlich auch sehr gut, seine Intuition wirken zu lassen, um den Zusammenhang zu entdecken.

Dann deuten Sie die Karten 2/35/8/29 (Gruppe 2) auf die gleiche Weise. Nun setzen Sie jeweils die Karten des sich dabei **verkleinernden Ecks** in Beziehung zueinander, also als nächstes 3/34/7/30 (Gruppe 3), 4/6/31/33 (Gruppe 4), 10/18/19/27 (Gruppe 5), 11/17/20/26 (Gruppe 6), 12/16/21/25 (Gruppe 7), 13/15/22/24 (Gruppe 8) und, ganz innen, 5/14/23/32 (Gruppe 9). Achten Sie auch darauf, neben welchen Karten Sie die notierten Bilder aus Schritt eins und Schritt zwei wiederfinden.

Danach werden die Karten zusammengelegt und erneut gemischt.

Fünfter Schritt

Für **Fragen**, die aus dem letzten Durchgang noch **offenstehen**, aber auch jedwede Frage, die ausführlich für sich beantwortet werden soll, verwenden Sie nun das Legesystem des fünften Schritts. Es handelt sich um eine leichte Abwandlung des Kreuzes, das Sie als erste Legemethode kennenlernten. Mischen Sie die Karten, und legen Sie diese in folgende Weise aus: Auf Platz Nummer 1 kommt die Karte, die Sie als **Thema** ausgewählt haben. Darauf legen Sie eine zweite Karte, die **die Aufgabe oder das Hindernis** erläutert, die bzw. das mit dem Thema zusammenhängt.

Erklärung der Positionen

1. Das Thema, die Frage
2. Was das Thema kreuzt. (Hindernis oder Aufgabe)
3. Die Vergangenheit

4. Die Gegenwart
5. Ein schicksalhafter Einfluß
6. Die Zukunft

Entsprechend der Lage deuten Sie nun die einzelnen Karten, um die gestellte Frage zu beantworten:

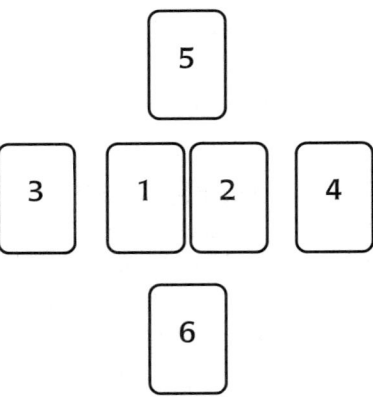

Sechster Schritt

Diese Legung besteht aus **zwei Runden** und behandelt speziell alle Fragen, die mit der **Person zusammenhängen**, für die die Karten gelegt werden. Mischen Sie erneut und legen Sie auf Platz 1 des nachfolgend dargestellten Schemas die **Personenkarte**, die den Fragenden verkörpert.

Erste Runde
des sechsten Schrittes

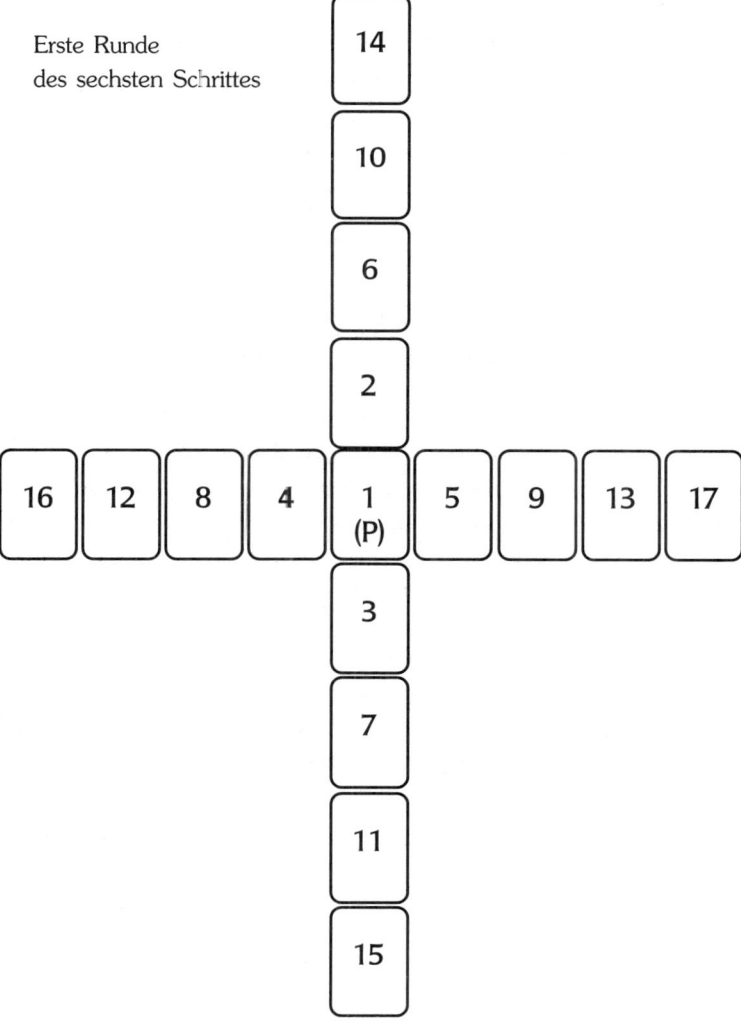

Erste Runde des sechsten Schritts

Diese erste Runde wird mit **aufgedeckten** Karten ausgelegt. Wenn alle Plätze belegt sind, teilen Sie eine zweite Runde aus. Diese Karten werden mit dem Bild nach unten, also **verdeckt**, auf die ersten gelegt.

Zweite Runde des sechsten Schritts

Teilen Sie die Karten der zweiten Runde wie auf der nächsten Seite dargestellt aus.

Bei der Deutung werden die **Kartenpaare** 16/27, 17/35, 15/26 & 14/18 (Gruppe 1) **aufgedeckt** und miteinander in Beziehung gesetzt. Danach deuten Sie die Kartenpaare 12/28, 13/34, 11/25 & 10/19 (Gruppe 2) ebenfalls in Beziehung zueinander. Anschließend geht es weiter mit 8/29, 9/33, 7/24 & 6/20 (Gruppe 3) und 4/30, 5/32, 3/23 & 2/21 (Gruppe 4). So nähern Sie sich immer mehr dem **Mittelpunkt** des ausgelegten Kreuzes. Am Ende werden die drei um bzw. auf die Personenkarte gelegten Karten gedeutet, nämlich 22/31/36.

Lassen Sie sich von der Menge der Karten nicht abschrecken, und probieren Sie auch den zweiten Teil des sechsten Schrittes aus! Es handelt sich um ein aufschlußreiches Bild, aus dem man viel über sich selbst erfahren kann. Schlagen Sie, wenn Ihnen zu den Kartenpaaren oder der Beziehung der jeweils acht Karten untereinander nichts einfallen will, bei den Kombinationsbedeutungen der einzelnen Kartenerklärungen nach. **Untersuchen** Sie auch, ob Sie Karten aus den ersten beiden Schritten des Siebenarmigen Leuchters finden, und in welchem **Zusammenhang** diese miteinander stehen.

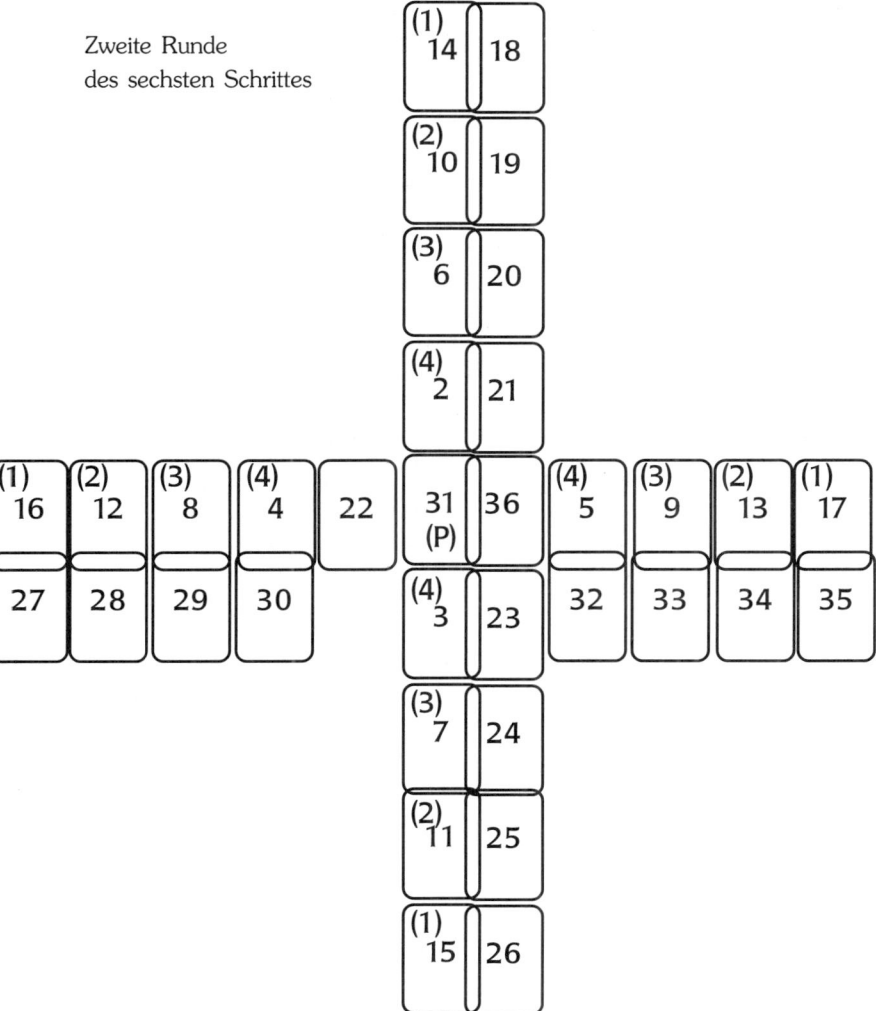

Zweite Runde
des sechsten Schrittes

Siebter Schritt

Bei diesem System handelt es sich um eine rein **intuitive** Deutungs-methode. Die Kombinationen, die ich Ihnen zuvor zu den jeweiligen Kar-ten gegeben habe, können Ihnen hier gut weiterhelfen.

Mischen Sie die Karten und breiten Sie den Pack dann **fächerförmig** auf einer ebenen Fläche aus. Wählen Sie intuitiv **neun** der verdeckt lie-genden Karten, und legen Sie diese neun Karten **aufgedeckt** in einer Reihe aus. Diese Methode eignet sich besonders gut für Dinge, die den Fragesteller sehr beschäftigen, also **dringliche** Lebensthemen. Die Deu-tung dieser Reihe erfordert allerdings bereits einiges an Intuition und Sen-sibilität.

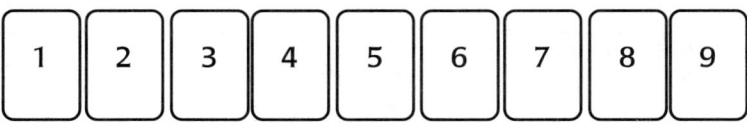

Das waren die sieben Schritte des „Siebenarmigen Leuchters". We-gen des nicht geringen Aufwandes werden Sie diese Reihe nur gelegent-lich vollständig ausführen. Es ist aber auch sehr gut möglich, **jeden ein-zelnen Schritt**, je nach Vorliebe oder Anliegen, **für sich** auszulegen und zu deuten.

Kurze Darstellung der Arbeit
mit dem „Siebenarmigen Leuchter"

Selbstverständlich könnte eine ausführliche Schilderung der möglichen Ergebnisse aus dieser mehrteiligen Legungsreihe viele Seiten füllen. Hier soll es aber eher um eine Anregung für Ihre Arbeit gehen. Es hängt ganz von der Erfahrung ab, aber auch von der jeweiligen Verfassung des Kartendeuters, wieviel aus den Bildern gelesen wird.

Sollte es Ihnen daher einmal passieren, daß Sie trotz der sieben Legesysteme nichts oder nur wenige Antworten aus den Karten entnehmen können, verlieren Sie nicht den Mut! **Schreiben** Sie die Karten auf, und betrachten Sie diese nach **einigen Tagen** noch einmal. Wahrscheinlich fällt Ihnen dann wie Schuppen von den Augen, was Ihnen die Karten sagen wollen! Vielleicht entdecken Sie dabei auch, daß Sie das Ergebnis der Kartenbefragung zunächst nicht annehmen konnten, weil es nicht Ihren Hoffnungen entsprach. Häufig schafft der Verstand in solchen Fällen eine Blockade, und das Resultat ist, daß wir die enttäuschende Botschaft „nicht verstehen".

Als **Beispiel** soll hier deshalb auch ein Fall dienen, der nicht die gewünschte Antwort erbrachte. Die Fragestellerin ist eine attraktive Frau Ende Fünfzig. Sie lebt in einer, wie sie es nennt, totgelaufenen Ehe. Da sie seit geraumer Zeit einen anderen Mann kennt, mit dem sie gerne eine engere Verbindung eingehen würde, möchte sie nun wissen, wie das zu bewerkstelligen sei.

Schritt 1

Hier kommen die Karten „*Etwas Geld*" und „*Falschheit*". Damit erfahren wir, das es bei dem Anliegen der Dame gar nicht so sehr um

Gefühle geht, sondern um finanzielle Probleme. Das bestätigt sie, da sie Geldangelegenheiten bisher ihrem Ehemann überlassen hat. Nun würde sie gerne Einblick nehmen, weiß aber keinen Vorwand, dies zu verlangen. Damit ist auch die zweite Karte, die *„Falschheit"*, erklärt. Ehrlich mit ihrem Ehemann darüber zu sprechen, daß die Fragende die Ehe beenden möchte, ist ihr (noch) nicht möglich.

Schritt 2

Die aufgedeckten Karten, **die kommenden Ereignisse**, lauten *„Glück"* (1), *„Verlust"* (2) und *„Richter"* (3). *„Glück"* könnte nun darauf hinweisen, daß die Wünsche der Dame sich erfüllen, allerdings eben nur unter erheblichen Einbußen, wie die Karte *„Verlust"* anzeigt. Die Karte *„Richter"* deutet auf juristische Vorgänge, könnte also eine Trennung oder Scheidung ankündigen.

Schritt 3

Die Karten werden nun zur großen Tafel gelegt. **Ausgehend von der Karte *„Geliebter"***, die für den Ehemann oder festen Partner und nicht für den Liebhaber steht, erfahren wir also etwas über den Ehemann der Dame. Es werden die Karten ausgezählt: *„Gedanken"* (7), *„Witwer"* (14), *„Sehnsucht"* (21), *„Krankheit"* (28) und *„Richter"* (35). Der Ehemann der Fragestellerin beschäftigt sich demnach damit, daß er sein Alter herannahen sieht. Er hat durchaus noch verschiedene Wünsche an das Leben, weiß aber, daß er bereits gesundheitlich geschwächt ist und hofft, daß ihm Gerechtigkeit widerfährt. Diese Gerechtigkeit könnte sich auf die Hoffnung auf ein Leben nach dem Tod beziehen, aber auch darauf, daß der Ehemann sich eine gute, seinem Leben gemäße Behandlung von seiten der Frau oder Familie im Krankheitsfall erhofft.

Die Fragestellerin bestätigt, daß der Ehemann krank sei und davon wisse, sonst sagt sie nichts zu dem Bild.

Schritt 4
Die Karten der Tafel werden in folgenden Gruppen gedeutet:

Gruppe 1: „Geistlicher" - „Witwer" - „Hoffnung" - „Etwas Geld".
Wir sehen hier, daß der **Ehemann** sehr wohl die Einsamkeit spürt, bzw. die Möglichkeit erahnt, daß seine Frau ihn verlassen könnte. Da er sich aber zunehmend mit geistigen oder religiösen Inhalten beschäftigt, wird er wohl nicht viel unternehmen, dies zu verhindern. Er hofft lediglich auf finanzielle Sicherheit.

Gruppe 2: „Unglück" - „Sehnsucht" - „Witwe" - „Eifersucht".
Demgegenüber sehen wir die *„Witwe"*, hier kann diese Karte als **Zukunft** der Dame verstanden werden. Die Gefühle sowie die Karte *„Unglück"* deuten auf eine schwierige, einsame Zeit.

Gruppe 3: „Unverhoffte Freude" - „Botschaft" - „Traurigkeit" - „Besuch"
Hier wechseln gute Zeiten mit Enttäuschungen, und die nächste Gruppe erklärt auch, worum es sich handelt.

Gruppe 4: „Tod" - „Offizier" - „Brief" - „Liebe".
Der *„Offizier"* symbolisiert den Liebhaber der Dame. Sie kann diesen nur selten treffen, oft genug müssen die Verabredungen im letzten Augenblick abgesagt werden, weil andere **Verpflichtungen das Paar behindern**, insbesondere natürlich die Notwendigkeit, alles geheimzuhal-

139

ten. Der Mann liebt die Dame aufrichtig, allerdings schätzt er besonders die Gespräche ("*Brief*") und befindet sich, wie die Karte "*Tod*" andeutet, in einem ziemlichen **Umbruch**.

Gruppe 5: "Treue" - "Dieb" - "Verlust" - "Gedanken".

Die "*Treue*" steht hier im Zusammenhang mit zwei negativen Karten. Sie können sich nur auf den Liebhaber der Dame beziehen, wir müssen also davon ausgehen, daß für ihn die **Beziehung zu ihr nicht auf Dauer** ausgerichtet ist.

Gruppe 6: "Verdruß" - "Reise" - "Heirat" - "Geld".

Sie bestätigen dies, denn der Mann wird sich während einer "*Reise*" seiner **mißlichen Lage** bewußt. Er wird die Möglichkeit einer richtigen Bindung, die ihm auch finanziell fördert, in Erwägung ziehen..

Dies bestätigt die Dame zögernd. Ihr Freund müßte beruflich für drei Monate fort, deshalb dränge es sie ja nun auch zur **Entscheidung**.

Gruppe 7: "Haus" - "Glück" - "Feind" - "Beständigkeit".

Diese nächste Gruppe zeigt, daß die **häusliche Situation** der Dame gar nicht so negativ ist, wie sie es schilderte. Sie kann aber das Gewohnte, das Gleichmaß, nicht mehr ertragen.

Gruppe 8: "Geliebter" - "Krankheit" - "Geliebte" - "Fröhlichkeit".

Diese Karten werfen nun ein entlarvendes **Licht auf die Fragende**, denn ihr seelischer Zustand bessert sich in dem Maße, wie ihr Ehemann verfällt.

Gruppe 9: „Falschheit" - „Geschenk" - „Richter" - „Kind".
Aus dieser letzten Gruppe läßt sich entnehmen, daß sich die Unehrlichkeit der fragenden Dame auch im Testament des Ehemannes äußern wird. Sie erhält wohl etwas („Geschenk"), das meiste wird aber den **Kindern** zufallen, notfalls auch durch **gerichtliche** Entscheidung.
Die Dame erwähnt, daß sie lediglich einen Sohn habe, aber gewiß nicht gegen ihn prozessieren würde. Es sei ihr schon recht, wenn dieser viel erhalte. Das wirft noch ein anderes Licht auf die Karte „Richter". Die **Gerechtigkeit** dieser Entscheidung des Ehemannes ist also allen Beteiligten bewußt.

Auch die Karten „Etwas Geld" und „Falschheit" aus dem ersten Schritt sind hiermit genau erklärt. Die drei Karten aus dem zweiten Schritt, „Glück", „Verlust", „Richter" ebenfalls, allerdings **anders, als der erste Eindruck vermuten ließ**. Die Dame wird ihr Glück verlieren, ihr wird aber dennoch Gerechtigkeit widerfahren.

Schritt 5
Die Dame möchte nun wissen, ob es denn wirklich kein **gutes Ende** mit ihrer Liebe geben könne. Es erscheint ihr nicht möglich, daß es zum Bruch kommt, denn sie und ihr Freund verstünden sich so gut. Folgende Karten finden sich darauf im Kreuz ausgelegt:

1-Offizier
2-Dieb
3-Brief
4-Reise
5-Unglück
6-Beständigkeit

```
        5

3   1   2   4

        6
```

Das **Thema ist der Freund**, dargestellt durch die Karte „*Offizier*". Das Thema wird gekreuzt von der Karte „*Dieb*". Da der Offizier eigentlich ein redlicher Mann ist, muß der Dieb hier so verstanden werden, daß er sich aus dem Staub machen möchte, vielleicht auch einer solchen geheimen Situation entfliehen will. In der Vergangenheit wieder die Karte „*Brief*", also die Kommunikation als das, was der Freund am meisten an dieser Beziehung schätzte. Die **Zukunft** bringt die Entfernung durch „*Reise*". Der **schicksalhafte Einfluß**, hier das „*Unglück*", zeigt einfach an, daß ihm diese Liebe unter den gegenwärtigen Umständen nicht die Erfüllung bietet, die er sucht. Er wird also, wie die „*Beständigkeit*" anzeigt, verzichten und sich zunächst ganz seinem Beruf widmen, so daß die „*Reise*" wahrscheinlich beruflicher Natur ist.

Schritt 6

Dieser Schritt wird besonders mit **Bezug** auf die **fragende Person** gedeutet. Die Karten werden im großen, doppelten Kreuz ausgelegt und in folgenden Vierergruppen gedeutet:

Gruppe 1: „Geliebter"/„Beständigkeit" - „Trauer"/„Glück" - „Feind"/„Verdruß" - „Witwer"/„Besuch"

Der **Ehemann** wird in der nächsten Zeit keine Verschlechterung seiner gesundheitlichen Situation erfahren, allerdings wird er sich selbst mehr und mehr zurückziehen und eigene Kontakte pflegen. Die Fragestellerin schwankt zwischen Glück und Trauer und liegt mit sich und der Welt im Zwiespalt.

Gruppe 2: „Brief"/„Eifersucht" - „Fröhlichkeit"/„Haus" - „Richter"/„Falschheit" - „Treue"/„Geschenk"

Bald wird die Fragende schon erste Mißstimmung zwischen sich und ihrem **Liebhaber** spüren. Es wird ihr besonders schwerfallen, das zu verbergen, weil dies nicht der Stimmung in ihrem Haus entspricht (die Hochzeit des Sohnes steht bevor. Sie sollte sich bemühen, gerechter zu sein, und dankbar sein für die Treue, die sie selbst in ihrem Leben erfahren hat, statt mit dem Schicksal zu hadern.

Gruppe 3: „Verlust"/„Liebe" - „Reise"/„Hoffnung" - „Etwas Geld"/„Sehnsucht" - „Heirat"/„Offizier"

Für die Fragende bedeutet die bevorstehende Reise des Offiziers den **Verlust der Liebe**. Er selbst ist voller **Hoffnung**, auch wegen des Geldes, das er für diese Dienstreise in Aussicht gestellt bekommt, und sehnt sich nach einer angemesseneren, festen Bindung.

Gruppe 4: „Unglück"/„Witwe" - „Geistlicher"/„Krankheit" - „Kind"/„Botschaft" - „Geld"/„Unverhoffte Freude"

Die Dame wird die bevorstehende **Einsamkeit** als schwere Bürde erfahren. Es wäre wichtig, daß sie sich mit spirituellen Inhalten beschäftigt, statt sich durch Bitterkeit immer mehr von der geistigen Welt zu entfernen. **Freude** wird sie erfahren durch ihren Sohn, der den Kontakt zu ihr hält. Immerhin steht auch eine unverhoffte, beträchtliche Geldsumme in Aussicht, die die Dame verwenden könnte, um sich selbst etwas Schönes zu gönnen

Gruppe 5: Im Zentrum: „Geliebte" - „Gedanken" - „Dieb" - „Tod"

Nun, das bedarf keiner Erklärung. Der Verlust des Freundes, das **Ende der Hoffnung** auf eine gemeinsame Zukunft wird die Dame noch lange beschäftigen.

143

Schritt 7

Der letzte Schritt des **Siebenarmigen Leuchters** ist natürlich gerade bei solchen Aussichten besonders wichtig. Hier geht es jetzt darum herauszufinden, was der enttäuschten Fragestellerin **mit auf den Weg** gegeben werden kann, damit sie zu **neuen Zielen** findet. Für diesen letzten Schritt gibt es keine klaren Anweisungen, wie er zu deuten ist, hier kommt es viel auf **Eingebung und Intuition** an.

Die **Neunerkette** besteht aus folgenden Karten:

„Unglück" - „Glück" - „Tod", „Gedanken" - „Sehnsucht" - „Kind" - „Botschaft" - „Geistlicher" - „Krankheit"

Als erstes fällt auf, daß hier wieder vier Karten zusammenliegen, die auch im vorherigen Schritt miteinander verbunden waren. Von den aus Schritt 1 und 2 notierten Karten sehen wir nur das „Glück", und die Frage, wo denn nun das Glück der Dame zu finden sei, ist ja auch bisher nicht beantwortet.

Zunächst wäre festzustellen, daß das **Unglück** der Dame auch seinen **glücklichen Aspekt** hat. Durch die jetzige Trennung bleibt ihr wahrscheinlich größeres Leid zu einem späteren Zeitpunkt erspart. Das macht die Angelegenheit zunächst nicht leichter, sie muß den Tod ihrer Liebe und die Zukunft danach durchstehen. Aus der Sehnsucht nach einem Neubeginn wird sie sich dann geistiger. Themen zuwenden. Wenn die Karte „Kind" gedeutet wird wie im großen Kreuz, wird sie sich besonders nach Kontakt mit ihrem Sohn sehnen und Trost darin suchen. Beide Deutungen sind gültig; die Karten lassen sich oft **mehrfach deuten!**

Die letzte Karte, „Krankheit", ist nun wiederum beunruhigend. Also werden auch gesundheitliche Probleme hinzukommen, wie es in Zeiten großen Kummers oft der Fall ist. Die Dame zieht aus den fächerförmig ausgebreiteten Karten eine weitere, um zu sehen, wie diese gesundheitlichen Probleme sich entwickeln werden. Die Karte „Hoffnung" als letztes Bild des Siebenarmigen Leuchters berechtigt zu den schönsten Hoffnungen, im wahrsten Sinn des Wortes. Wenn es auch viel zu früh ist, nun genaues darüber zu sagen, können wir sicher sein, daß die Dame die Lebenskrise meistern und einen **neuen Anfang** finden wird.

DER JAHRESKREIS

Diese sehr aufschlußreiche Legemethode können Sie sowohl auf **ein Jahr** wie auch auf ein **ganzes Leben** beziehen. Falls es Ihnen notwendig erscheint, wäre es auch denkbar, diesen Kreis zu legen, um zu erfahren, wie **ein Tag** sich entwickelt. Dann würde eine Karte jeweils zwei Stunden darstellen.

Nach alter Tradition wird die Karte, die für das Anliegen des Fragenden steht, in die Mitte des Kreises gelegt. Ohne Ihnen diese Methode ausreden zu wollen, schlage ich vor, während des Mischens konzentriert an das Thema, um das es Ihnen geht, zu denken, und auf die Themenkarte zu verzichten. Auf diese Weise kann die Karte, die für Sie als **fragende Person** ja besonders interessant ist, weil Sie ihre Frage darstellt, nämlich **in der Legung** erscheinen. Und das ist sicher sehr aufschlußreich!

Eine andere Tradition ist es, diesen Jahreskreis um die Neujahrszeit auszulegen. Das ist ein schönes Ritual, um sich auf das kommende Jahr einzustimmen. In diesem idealen Fall steht die Karte auf Platz 1 für den Januar, und alle anderen Nummern entsprechen den jeweiligen Monaten. Wenn Sie aber während des Jahres den Kreis verwenden wollen, steht die Karte auf Position 1 für den aktuellen Monat. Dann rechnen Sie jeweils nach, für welchen Monat die weiteren Karten stehen.

Sie können den Kreis auch als **Lebenskreis** auf Ihre Biographie beziehen. Dazu ist es keineswegs notwendig, erneut zu mischen! Dieselben Karten, die für das Jahr gelten, können für den Lebenskreis gedeutet werden. Theoretisch können aus diesem **einen** Kreis Tag, Jahr und Leben in bezug auf die eine gestellte Frage gedeutet werden. Setzen Sie den Kreis einfach nach Ihren Bedürfnissen ein!

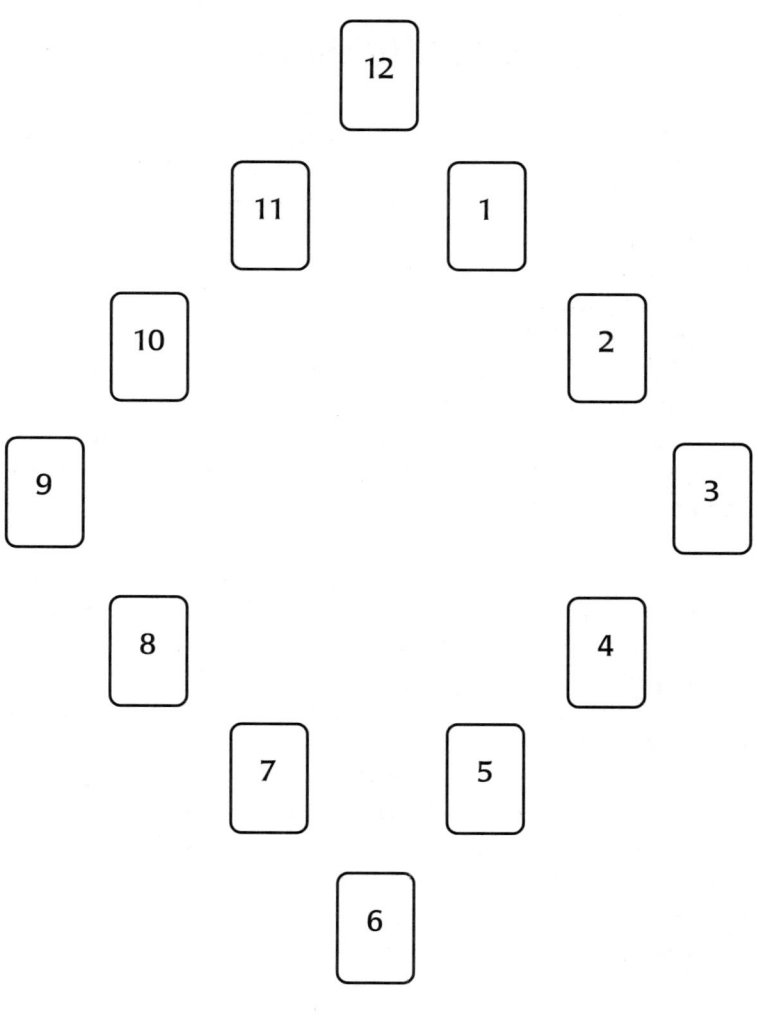

Bedeutungen der Positionen

Pos.	Monat	Lebensjahr/e	Tageszeit
1	Januar, der erste Monat	0 bis 7	0 bis 2 Uhr
2	Februar, der zweite Monat	7 bis 14	2 bis 4 Uhr
3	März, der dritte Monat	14 bis 21	4 bis 6 Uhr
4	April, der vierte Monat	21 bis 28	6 bis 8 Uhr
5	Mai, der fünfte Monat	28 bis 35	8 bis 10 Uhr
6	Juni, der sechste Monat	35 bis 42	10 bis 12 Uhr
7	Juli, der siebte Monat	42 bis 49	12 bis 14 Uhr
8	August, der achte Monat	48 bis 56	14 bis 16 Uhr
9	September, der neunte Monat	56 bis 63	16 bis 18 Uhr
10	Oktober, der zehnte Monat	63 bis 70	18 bis 20 Uhr
11	November, der elfte Monat	70 bis 77	20 bis 22 Uhr
12	Dezember, der zwölfte Monat	77 bis 84	22 bis 24 Uhr
		und alle weiteren	

Anhand der Karten, die in die jeweiligen Positionen (Häuser) fallen, kann die Entwicklung des Themas oder der Frage durch die Monate, Jahre oder Stunden gedeutet werden.

Beispiel für eine Deutung
mit dem „Jahreskreis"

Eine junge Frau, Mitte Dreißig, ist immer noch auf der Suche nach dem richtigen Beruf. Allerdings wäre sie im Moment auch mit einem Job zufrieden, weil sie finanziell unabhängig sein möchte. Den Kreis will sie daher sowohl in bezug auf das Jahr als auch im Hinblick auf den Lebenslauf betrachten.

Sie mischt die Karten, konzentriert an den Beruf denkend. Es werden folgende Bilder aufgedeckt:

1-Geschenk
2-Tod
3-Glück
4-Etwas Geld
5-Beständigkeit
6-Reise
7-Offizier
8-Geistlicher
9-Geld
10-Brief
11-Traurigkeit
12-Haus

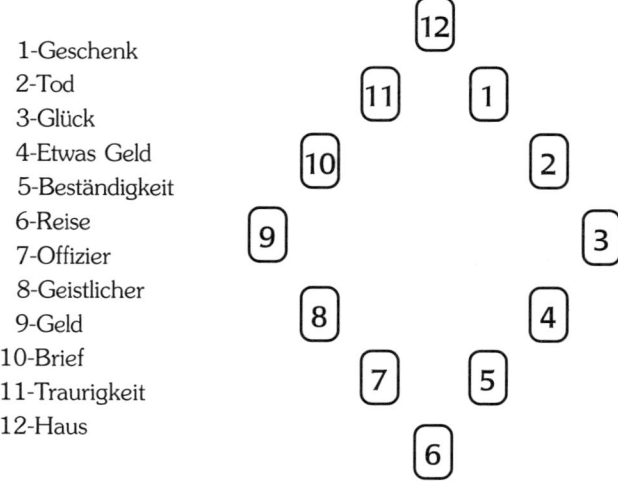

Die Deutung nach dem **Jahreslauf** zeigt, daß sich die Fragende im ersten Monat mit Geschenken über Wasser hält und im zweiten einen tiefen, inneren **Umbruch** erlebt. Diese Läuterung bringt ihr im dritten Monat **Glück**, wahrscheinlich die Aussicht auf eine Stelle, sie erhält dadurch ein **sicheres Auskommen**. Im fünften Monat nach der Befragung steht dann ganz die **Arbeit** im Vordergrund. Offenbar unternimmt sie dann im sechsten Monat eine **Reise** (Bewerbung an einem anderen Ort), die den Einstieg in einer Behörde ermöglicht. Diese Arbeit ist ihre wahre **Berufung**, die sie im achten Monat nach der Befragung entdeckt. Sie wird damit auch sehr gut verdienen können. Ohne Probleme geht allerdings auch diese **Umstellung** nicht vonstatten, sie wird noch manchen Kummer empfinden, bis sie sich am neuen Ort heimisch fühlt.

Die Deutung nach dem **Lebenslauf** zeigt uns eine behütete und glückliche Kindheit. Die Schulzeit bis 14 Jahre erlebte die Fragestellerin eher als schmerzlichen **Umbruch**, vielleicht zeigten sich auch Trübungen im bis dahin schönen Familienleben. Als junger Mensch hat sie bereits eigenes **Einkommen**, stand also früh auf eigenen Beinen. Da ihr die Lebensumstände nicht genügend Muße für die richtige **Berufswahl** gelassen hatten, steht diese Frage im Alter von 28 bis 35 noch einmal im Mittelpunkt. Die Frau arbeitet zwar, aber ohne richtiges Ziel. Danach folgt eine Zeit, die viel **Beweglichkeit** von ihr fordert, vielleicht wird sie sich oft von ihrer Wohnung entfernen oder sich heimatlos fühlen. Bis ca. Fünfzig arbeitet sie dann bei einer Behörde. Die Frage nach der wahren **Berufung** beantwortet sich erst im reifen Alter, zwischen 48 und 56 Jahren. Dann allerdings wird sie zudem noch **materiellen Erfolg** erleben, denn die Karte „*Geld*" finden wir zwischen 56 und 63 Jahren. Nicht selten liegt der Höhepunkt einer Karriere so spät, es ist also keine ganz ungewöhnliche Tatsache. Bis etwa zum siebzigsten Jahr wird die Fragende sich noch mit Schriftstücken und Kommunikation beschäftigen, sei es, daß sie ihre Kenntnisse lehrt oder niederschreibt. Im hohen Alter scheint sie den Verlust ihrer Leistungsfähigkeit mit Trauer zu erfüllen, möglicherweise hat sie dann bereits den Verlust vieler geliebter Menschen durch den Tod zu beklagen. Später wird sie nur noch im eigenen Haus tätig sein, aber wieder völlig **zu sich selbst gefunden** haben.

Nachwort

Ich habe Ihnen nun das vorgestellt, was Sie wissen müssen, um mit den Zigeunerkarten erfolgreich zu arbeiten. Mit Wissen allein ist es natürlich nicht getan. Ein wenig Intuition und spirituelle Begabung gehören schon dazu, wenn Sie die Zukunft aus den Karten lesen wollen.

Wie so oft, gibt aber auch beim Kartenlegen die Neigung schon einen Hinweis darauf, daß der Interessierte begabt ist. Mit anderen Worten: Wenn Sie gern mit dem Kartenorakel arbeiten wollen, haben Sie vermutlich dafür auch die nötigen Fähigkeiten.

Jetzt ist es an Ihnen, das Gelesene in der Praxis anzuwenden. Im vorliegenden Buch ist ein großer Teil des überlieferten Wissens über die Zigeunerkarten zum ersten Mal zusammengefaßt. Außerdem finden Sie eine moderne und ausführliche Erklärung zu jeder einzelnen Karte. Beides hat es zu diesen Wahrsagekarten bisher noch nicht gegeben.

Damit überreiche ich Ihnen das Handwerkszeug zum Kartenlegen, die Meisterschaft werden Sie durch Üben selbst erringen!

Quellenangabe

Zigeunerkarte, Chiromantenspiel, Johann Praetorius, Leipzig 1661

Journal of the Gypsy Lore Society, Volume 2, July 1908/ April 1909

La sybille du XIX siécle, derrières propheties de Mlle Lenormand avec commentaire de Hortensius Flamet, Lange-Levy, Paris 1843

Der Blick in die Zukunft, Die Wahrsagekunst im Spiegel der Zeit und Völkergeschichte, Dr. Med. Freudenberg, Hermann Barsdorf Verlag 1919

Wahrsagekarten, Katalog zur Ausstellung 1972 in Bielefeld, Detlef Hoffmann, Erika Kroppenstedt

Festschrift der Firma Piatnik in Wien, 1824-1974

Festschrift der Firma Piatnik in Budapest 1896-1942

Der 100jährige Kalender, Wahrsagen über Zeit, Schicksal und Ereignisse, gesammelt vom Margita Novosel Verlag, Zagreb, Kroatien, Neuauflage 1974

Unter Hexern und Zauberern. Die geheimen Traditionen der Zigeuner, Pierre Derlon, Sphinx Verlag Basel 1976

Zirkus des Lebens, Zigeunerkarten von Alfred Kubin, herausgegeben von Ernst Rudolf Ragg, Piatnik Wien, 1977

Kartenlegen, B. Mertz, Falken. Niedernhausen, 1985

Alfred Kubin, Träumer auf Lebenszeit, Andreas Geyer, Bühlau Verlag 1995

Das geheime Wissen der Frauen, dtv Lexikon, 1995

Das 1x1 des Kartenlegens, E. Jahn, Ibena u. Molden, Wien, 1995

Piatnik
**Zigeuner-
Wahrsagekarten**
*36 farbige Karten
57 x 89 mm*

im Buchhandel erhältlich unter

ISBN 3-930944-77-4

Anne L. Biwer
Die   Kipper-Wahrsagekarten
Deutungen und
Legemethoden
192 S., s/w-Abb., Paperback
ISBN   3-89767-113-1

Mit den Kipperkarten kann jeder Interessierte das Kartenlegen erlernen! Die beschrifteten Karten sprechen zeitlose Probleme an, die Bilder wirken fast durchweg freundlich und wecken keine Ängste. Und so sind auch die Antworten, die dem Fragesteller gegeben werden können, deutlich und positiv.

Spielkarten Altenburg
Kipper-Wahrsagekarten
36 farbige Karten, 57 x 89 mm
ISBN   3-89767-124-7

Anne Biwer
Die   Lenormand-Karten
Deutungen und Legemethoden
173 S., 154 s/w-Abb., Paperback
ISBN   3-930944-96-0

Vorgestellt werden alle 36 Karten aus vier verschiedenen Kartendecks nebst ihren verschiedenen Deutungsebenen. Außerdem finden Sie hier alle geeigneten Legemethoden: Keltisches Kreuz, Fragespiel, Wegweiser, Großes Bild und – ganz neu – der Karmaspiegel, eine Legeform zur Ermittlung des Karmaeinflusses auf das gegenwärtige Leben.

Piatnik
Mlle Lenormand
Wahrsagekarten
36 farbige Karten,
57 x 89 mm
ISBN   3-89767-029-1

ASS
Lenormand
Wahrsagekarten

mit Kartenbildern
36 farbige Karten, 57 x 89 mm
ISBN   3-89767-028-3

mit Versen
36 farbige Karten, 57 x 89 mm
ISBN   3-89767-028-3

Jeanne Ruland & Iris Merlino
Die lichte Kraft der Engel
Set aus Buch
und 56 farbigen Karten
Buch: 288 S., Paperback
Karten: 95 x 140 mm
ISBN   3-89767-071-2

Die inspirierende Kraft der Engel macht das Leben von uns Menschen lebendiger, klarer und glücklicher. Über die 56 Karten mit ihren Erläuterungen und Ritualen sowie den Legemethoden gelingt es, ihre gewaltig wirkenden göttlichen Kräfte in unser Leben einzubinden und dadurch Schutz, Erleuchtung und tiefe Einsichten zu erleben.

Jeanne Ruland & Iris Merlino
Die Gegenwart der Meister
Set aus Buch
und 56 farbigen Karten
Buch: 304 S., Paperback
Karten: 95 x 140 mm
ISBN   3-89767-075-5

56 Meister und Meisterinnen (darunter Jesus, Buddha, Zarathustra, Mutter Maria, Isis, Tara, Quan Jin ...), ihr Leben und ihr Wirken werden hier mit Botschaft und praktischen Übungen dargestellt. Sie zeigen uns den Weg zum vollen Umfang unserer Möglichkeiten und Fähigkeiten. Hat nicht Jesus gesagt: „Das, was ich kann, und noch viel mehr kann jeder von euch vollbringen."

Amy Sophia Marashinsky & Hrana Janto
GÖTTINNEN-Geflüster
Mit Orakel und Ritualen
zur eigenen Kraft
Set aus Buch und 52 farbigen Karten
Buch: 304 S., Paperback
Karten: 95 x 113 mm
ISBN   3-930944-89-8

Tauchen Sie ein in die Welt der Großen Göttin, von deren Erscheinungsformen Sie hier 52 vorgestellt finden – jede mit Bild, Anrufung, Geschichte, Deutung und Ritual sowie einprägsamen Legemethoden.

Iris Rinkenbach & Bran O. Hodapp
Magischer Gegenzauber
Ein Lehr- und Arbeitsbuch zum Schutz vor negativen Energien
ca. 300 S., s/w-illustriert, Paperback
ISBN 3-89767-069-0
· *Einführung* in das magische Weltbild
· *Hintergründe*: Gut und Böse, Exorzismus, Schwarze Magie/Weiße Magie, Magische Orden und Geheimbünde
· *Übungen*: Schutzmaßnahmen, Erste Hilfe, Spirituelle Alchemie

Marielu Lörler
Hüter des alten Wissens
Schamanisches Heilen im Medizinrad
352 S., s/w-illustr., Paperback
ISBN 3-89767-072-0
Schamanismus erläutert im Rahmen von Aufbau und Verwendung des Medizinrads

Igor Warneck
Ruf der Runen
232 S., s/w-illustriert, Paperback
ISBN 3-89767-086-0
In diesem Buch werden die Geheimnisse der Runen enthüllt, jener uralten Symbole zur Ergründung der Welt. Ihre Energie, mit reinen Zielen angewandt, vermag positive Kräfte in unserem Alltag zu mobilisieren und uns den Zugang zur Welt hinter unserer Wirklichkeit zu öffnen. Anleitungen zur Herstellung von Runensteinen, die Beschreibung des Runentanzes sowie eine kleine Götter- und Festtagskunde runden das Werk ab.

Heike Owusu
VooDoo-Rituale
304 S., s/w-illustriert, Paperback
ISBN 3-930944-99-5
Voodoo ist Magie. Hier finden Sie notwendiges Hintergrundwissen und Hinweise zur praktischen Arbeit sowie Anleitungen zum Schutz vor spirituellen Angriffen.

Jeanne Ruland
Das große Buch der Engel
Namen, Geschichte(n) und Rituale
392 S., Paperback
ISBN 3-89767-081-X
Über 1400 Engelnamen, ihre Bedeutung und Zuordnung sowie vieles mehr, was Sie über Engel wissen wollen: Was essen Engel? Leben Engel ewig? Wie entstehen Engel? Wie können wir mit Ihnen in Verbindung treten und ihre lichte Kraft in unserem Leben aktivieren? Dazu und zu vielen anderen Themen finden Sie Antworten in diesem umfangreichen Grundlagenwerk.

Anne L. Biwer
Wahrsagen mit Spielkarten
Deutungen und Legemethoden
176 S., Paperback, zahlreiche s/w-Abb.
ISBN 3-89767-130-1
Dieses Buch stellt die ursprüngliche Version mit 52 Karten plus Joker vor – im Gegensatz zu den meisten anderen Werken zum Thema, die sich meist auf 32 oder 36 Karten beschränken; entsprechend mehr läßt sich dadurch aus den Karten lesen. Erläutert wird zunächst die Bedeutung der Farben, also Kreuz, Pik, Karo und Herz, und anschließend jede Karte einzeln durch Schlüsselwörter, einen kurzen Kommentar und einigen besonders bedeutungsvollen Kombinationen mit anderen Karten. Daraus ergibt sich, daß das Wahrsagen mit Spielkarten weitaus weniger Intuition als andere Sets erfordert und dadurch besonders für Anfänger geeignet ist.

Bran O. Hodapp & Iris Rinkenbach
Das große Buch der Drachen
256 S., farbig-illustriert
Paperback, 162 x 220 mm
ISBN 3-89767-112-3
Drachen faszinieren seit vielen Jahrtausenden in vielen Kulturen. Hier finden Sie neben einer Einführung ins Thema Drachen und ihre Bedeutung zahlreiche Drachengeschichten mit liebevoll gestalteten Bildern.

VESNA Krmpotic
Klang der Seele
244 S., Einfarbdruck, Hardcover
ISBN 3-89767-126-3
Zweimal 108 von Sai Baba inspirierte erhellende Weisheiten zu Lebensfragen, die sich nach dem Zufallsprinzip auswählen lassen.